GOTTFRIED HOFMANN-WELLENHOF

1 + 1 = 11

58 neue Familiengeschichten von den Wellenhofs

Cartoons von Walter Titz

styria regional

978-3-7012-0082-5

styria books

Bücher aus der Verlagsgruppe Styria gibt es
in der Buchhandlung und im Online-Shop.

styriabooks.at

Lektorat: Christine Wiesenhofer
Coverfoto: Christian Jungwirth/Bigshot
Umschlaggestaltung: Andrea Malik
Buchgestaltung: Marion Mauthe

Reproduktion: Digitalstudio Rypka, Dobl
Druck und Bindung:
Druckerei Theiss GmbH. St. Stefan im Lavanttal

Printed in Austria

Inhalt

An Stelle eines Vorworts – Notizen eines Sohnes

Lachen als Therapie

„Stört es dich eigentlich, wenn dein Vater in deinen Kolumnen von dir erzählt?"
Häufig wird mir diese Frage gestellt, manchmal auf mitleidsvolle, oft auf belustigte, selten auf schadenfrohe Art und Weise. Meine Antwort ist immer die gleiche, kurz und bestimmt: „Nein! Ganz und gar nicht." Reagiert mein Gesprächspartner ungläubig, so füge ich meist noch hinzu: „Außerdem fragt mich mein Vater, bevor er etwas über mich veröffentlicht."
Ganz so war es eigentlich nicht immer. Während meiner Jahre in den USA etwa hat er doch die eine oder andere Erzählung über meine Missgeschicke, deren Möglichkeiten in diesem Land wahrlich unbegrenzt waren, „ungefragt" veröffentlicht. Gestört hat mich das nie, ganz im Gegenteil! Als ich wieder zu Hause war und mir die in der Zwischenzeit erschienenen Artikel zu Gemüte führte, musste ich mehrmals laut lachen. Ich freute mich darüber, dass meine langen E-Mails offenbar als Inspiration für die Kolumnen meines Vaters gedient hatten.
Mein Vater ist der Meinung, eine meiner größten Stärken liege darin, dass ich über meine kleinen Pannen und Malheurs lachen kann. Dass ich seine Texte so amüsant finde, liegt wohl an der Art und Weise, wie er alltägliche Situationen erzählt.
Mein Vater schafft es, auch die peinlichsten Fauxpas sympathisch und originell darzustellen. In meiner Kindheit hatten seine

lustigen Berichte über meine Fehltritte für mich etwas Tröstendes an sich. Ärger über wiederholt vergessene Lebensmittel („Das Ketchup im Gebüsch") etwa verblasste angesichts der Erkenntnis, wie witzig das Missgeschick eigentlich war, Frustration wurde von einem breiten Grinsen abgelöst.
Loriot hat einmal gesagt: „Das Lachen über mich ist ein Lachen des Wiedererkennens."
In diesem Sinn wünsche ich Ihnen, dass Sie sich in der einen oder anderen Anekdote wiedererkennen mögen.
Viel Spaß beim Lesen!

Dominik Hofmann-Wellenhof

Auch Papa kann trösten

Rasenmähen ist Vatersache

Es gibt in unserem Haushalt Tätigkeiten, die von den Kindern als belastend bzw. weniger belastend empfunden werden. Von den weniger belastenden fällt mir gerade keine ein.
Von den sehr belastenden Tätigkeiten hingegen gäbe es eine ganze Menge aufzuzählen. Zum Beispiel Staubsaugen. Oder Mistkübel-Ausleeren. Oder Rasenmähen.
Nun denken Sie vielleicht, unser Haus sei von einer parkähnlichen Grünfläche umgeben, die armen Kinder! Aber dem ist nicht so. Da der überwiegende Teil unserer kleinen Liegenschaft von Kunstrasen bedeckt ist, handelt es sich lediglich um ein Rasenstück in der Größe von 3 mal 9 Metern. Dennoch ranken sich um dieses Rasenstück langwierige Diskussionen, zum Teil sehr emotional geführt.
Drei Fragen kehren immer wieder: „Muss das wirklich sein – das Gras ist doch noch gar nicht so hoch?" „Jetzt geht sich's bei mir zeitlich schlecht aus. Kann ich später?" „Warum schon wieder ich?"
Die bisweilen halbstündigen Diskussionen stehen in keiner Relation zur Mähzeit (handgestoppte 17 Minuten inklusive dem Versorgen des Geräts und der Kabeltrommel). Auch wurde der Mäher immer wieder einmal unsachgemäß und zornig gehandhabt und wuchtig gegen den Betonsockel des Zaunes geschrammt, worunter die Aufhängung der Vorderräder erheblich litt.
Das alles war einmal. Eines Sonntags hat sich die Familie, der Diskussionsverlauf war ruhig und sachlich, auf einen Mäher mit Fixposten geeinigt: auf mich, den Vater.
Mir geht es richtig gut dabei: keine erschöpfenden Streitgespräche mehr, kein hässliches Knirschen, kein Fluchen. Auch

kann mir ein wenig Bewegung an der frischen Luft nicht schaden – ganz abgesehen davon, dass ich mich schon ein bisschen aufwärmen kann fürs Schneeschaufeln.

Unlängst war ich bei meinem Freund Anton zu Gast. Wir unterhielten uns über unser Vater-Sein, über die Freuden und Leiden, da sah ich im Garten seinen sechzehnjährigen Sohn den Rasenmäher schieben.

„Wie machst du das nur?", fragte ich, „kannst ganz entspannt Kaffee trinken, während sich dein Sohn der Gartenarbeit widmet." Mein Freund tat meine Frage lässig ab. Ich zweifelte schon an meinen pädagogischen Fähigkeiten, da durchschnitt ein metallisches Geräusch unser Schweigen. Ich zuckte unmerklich

zusammen. Die Intervalle, in denen der Motor des Rasenmähers nicht zu hören war, wurden immer länger, die Stille im Garten nur hin und wieder von lautem Fluchen gestört.

Mein Freund ließ sich nicht aus der Ruhe bringen und dozierte über die Konsequenz in der Erziehung und wie wichtig es sei, den Kindern Grenzen zu setzen. Ich hörte, ehrlich gesagt, nur mit einem Ohr zu. Denn von draußen kam ein donnerartiges Geräusch, lauter und hässlicher als alle anderen zuvor, das auch mein Gegenüber kurz innehalten ließ. Dann Stille. Nichts regte sich mehr im Garten.

Beim Weggehen sah ich den Knaben in der Hollywood-Schaukel liegen, resignierend vor sich hinfluchend: „Nie mehr berühre ich diesen Sch… rasenmäher." Das Elektrokabel lag im Gras, glatt durchtrennt.

Der alte Mann und die Rutsche

Habe ich schon einmal erzählt, dass ich mich ungern in Thermalbädern aufhalte? Ungern ist noch maßlos untertrieben. Eigentlich hasse ich Thermalbäder: den Geruch, die vielen Menschen, das Wasser. Immer ist mir das Wasser zu kalt. Niemals könnte ich eine Woche lang so Urlaub machen – ganz im Gegensatz zu meinen Kindern. Die bleiben im Wasser, bis ihre Lippen blau sind. Vor allem vom Rutschen können sie nie genug bekommen. Laufen die Stufen hinauf, lassen sich – auf dem Rücken, dem Bauch oder im Schneidersitz – johlend die Wasserröhre hinunter, laufen sofort wieder hinauf.

Besonders lustig ist es für sie, wenn auch ich rutsche. Nun gehe ich schon sehr ungern ins kleine Heißwasserbecken, einge-

zwängt zwischen dampfenden fremden Leibern – aber frierend zwischen einem Dutzend drängelnder Jugendlicher zu stehen und zu warten, bis ich endlich an der Reihe bin, ist kaum weniger unangenehm. Andererseits will ich einmal ein guter Vater sein und dem Wunsch meiner Kleinen nachkommen.
Ich bin bereit, Schüttelfrost und Hustenanfälle in Kauf zu nehmen, allerdings habe ich ein gravierendes Problem: Ich kann

nicht rutschen. Immer, wenn ich mich vom Start abstoße, bleibe ich in der ersten Kurve stehen, muss mit beiden Händen kräftig antauchen, damit ich wieder Fahrt aufnehme. Insgesamt biete ich einen jämmerlichen Anblick: ein weißhaariger Mann, in seinem Rücken eine Horde ungeduldiger Kinder, die sich hinter ihm staut und abbremsen und warten muss, bis er endlich ins Wasser plumpst.

Lange Jahre habe ich gedacht, es läge an meiner Badehose, sei also eine reine Materialfrage. Wie Schifahrer ihre Abfahrtslatten wechseln, wenn sie im Flachen zu viel Zeit verlieren, tauschte ich meine Shorts. Alles vergeblich.

Heuer schenkten mir meine Kinder zum Geburtstag ein besonders jugendliches Modell: orange-weiß gestreift, der Stoff sehr glatt – „ideal zum Rutschen, Papa!"

Doch kaum hockte ich in der Anlaufspur, dasselbe Bild: ein alter Mann, der sich mühsam durch eine blaue Röhre kämpft. Einmal mit hochgestreckten Beinen, einmal mit aufgerichtetem Oberkörper, einmal geduckt.

Neulich war ich mit meinen beiden Jüngsten in einer ungarischen Therme. Sie hatten Spaß – ich fror. Da sah ich einen Mann die Stiege zur Rutsche hinaufgehen. Er trug die gleiche Badehose wie ich: orange-weiß gestreift. Er flog geradezu, atemberaubend schnell, hinunter und klatschte im Auslauf ins Wasser, sodass alle Umstehenden nass gespritzt wurden. Ich war sprachlos. Es war also keine Frage des Materials, sondern bloß eine Frage der Technik.

Ich sprach den Mann an, bat um sein Erfolgsgeheimnis. Ich müsse mich nur leicht mit den Fersen abdrücken, kreuzhohl sein.

Ich tat, wie er mich geheißen. Raste hinunter, alles drehte sich um mich, ich stürzte ins Becken, Wassermassen schlugen über mir zusammen, Wasserfontänen spritzten hoch. Als ich auftauchte, jubelten Jakob und Sophie: „Papa, Wahnsinn, wie schnell du warst." Lässig winkte ich ab, ein weißhaariger Held der Rutsche.

Auch Papa kann trösten

In den vergangenen Jahrzehnten haben sich die Rollen von Mutter und Vater innerhalb der Familie entscheidend geändert. (Ich wage zu behaupten: die des Vaters in stärkerem Maß als die der Mutter.) Vieles, was in meiner Kindheit als klar vorgegebene Geschlechtszuschreibung niemals angezweifelt worden wäre, sieht heutzutage ganz anders aus.

Da gibt es sogar Väter, die beim Spiel vom heiligen Martin ihre 1,85 Meter auf einem winzigen Kindergartenhocker zusammenfalten, Mütter, die im Bastelkeller mit dem Lötkolben die Aufgabe des Sohnes in technischem Werken erledigen, während dieser inzwischen dem Papa in der Küche zur Hand geht.

Ich finde das gut so. Allerdings meine ich, dass wenigstens das Stillen des Babys durch die Mutter unbedingt beizubehalten wäre.

Ich neigte allerdings bislang auch der Meinung zu, dass sich kleine Kinder eher von ihrer Mama (oder Oma) trösten lassen als von männlichen Bezugspersonen. Eine kleine Begebenheit während eines Sonntagsgottesdienstes hat mich freilich nachhaltig eines Besseren belehrt.

Während der Predigt über die Barmherzigkeit der heiligen Elisabeth durchschneidet – im Kirchenraum lässt sich dieses Bild besonders sinnfällig verwenden – sozusagen aus heiterem Himmel ein diskantheller Klagelaut das Kirchenschiff. Auch ohne

zu wissen, was genau passiert ist, hört die gläubige Gemeinde aus dem schrillen Weinen klar heraus, dass sich das Kind sehr wehgetan haben muss.
Längst lässt die Phonzahl der Lautsprecheranlage keine Chance mehr. Die Predigerin am Ambo steht auf verlorenem Posten, die Aufmerksamkeit konzentriert sich auf die mutmaßliche Unfallstelle in der Nähe der sechsten Kreuzwegstation.
Junge Ehepaare schauen einander verständnisinnig an (Gott sei Dank, dass uns so etwas – heute! – erspart bleibt), ältere Herrschaften lassen leichten Unmut erkennen (müssen die Kleinkinder wirklich überallhin mitgeschleppt werden?).

Plötzlich horchen alle auf: Tapsige Schritte nähern sich dem Altarraum. Die Gläubigen in den ersten Reihen halten den Atem an, als das winzige Mädchen mit seinen ersten Lauflernschuhen die marmornen Stiegen hinaufstolpert, dicht verfolgt von seiner atemlosen, hochschwangeren Mutter.
Immer noch fließen die Tränen, auch unter den gütig-interessierten Augen des Pfarrers, der Lektorin, des Mesners, der Kommunionshelfer und Ministranten. Zielsicher wuselt die Kleine zwischen Altar, Kollektenkörbchen und Predigerin durch – und läuft die letzten Schritte, nur mehr kaum vernehmlich schluchzend, auf ihren Papa zu, der heute als Vorsänger im Altarraum Platz genommen hat.
Die ganze Gemeinde verfolgt gerührt, wie dieser ein Taschentuch aus der Hose zieht und routiniert die kleine Nase säubert. Auf dem starken Arm seines Vaters wird das Mädchen ganz still und lauscht brav den restlichen Worten der Predigt. Nicht nur die Mutter ist erleichtert, alle in der Kirche sind es.
Der junge Mann hat jedenfalls eindrucksvoll bewiesen: Auch Väter können trösten.

Ein Vater auf Ballkleid-Suche

Es wird wohl nicht mein letzter Maturaball sein. Aber es ist das erste Mal, dass ich in einem Fachgeschäft der gehobenen Damenkonfektion als Juror beigezogen werde, um unter geschätzten 1500 prachtvollen Roben das für meine über alles geliebte Tochter Anna passende Ballkleid zu küren.
Immerhin bin ich nicht allein. Antonia und Sophie leisten mir Schützenhilfe. Beherzt betrete ich also das vielfach empfohlene

Etablissement, um mich unter den streng nach Farben und Längen geordneten Textilien umzuschauen. Schwarz und weiß, so werde ich im Vorfeld belehrt, scheiden ohnehin aus.
Die einhellige Ablehnung eines schwarzen Kleides leuchtet mir immerhin einigermaßen ein – aber Weiß? Zu meiner Zeit wäre jede andere Farbe für eine angehende Maturantin undenkbar gewesen. Aber in mehr als zweieinhalb Jahrzehnten Vaterschaft bin ich durchaus lernfähig geworden.
Ich wende mich also dem Ständer mit blauen bodenlangen Roben zu. Blau scheint mir im Zusammenhang mit einer blauäugigen Blondine nicht ganz abwegig zu sein. Glücklicherweise registriere ich die pantomimische Reaktion meiner kleinen Sophie – ein nur für Eingeweihte erkennbares stilisiertes Sich-Übergeben, mit dem sie mir signalisiert, dass der von mir vom Kleiderständer genommene blitzblaue paillettenbestickte Traum also wirklich auf gar keinen Fall in Frage kommt.
Ein prächtiges, mit Samtrosen garniertes Ensemble mit passendem Jäckchen wird von Anna persönlich taktvoll abgeschmettert: „Weißt, Papa, das ist schon schön. Aber viel zu schön für mich. Das ist ganz großes Kino. Das wär was für die Jennifer, die ist so eine richtige Prinzessin, für die passt so was."
Inzwischen sind Annas Schwestern aktiv geworden. Sie ziehen Anna in die Abteilung mit sonnenblumengelben, türkisgrünen und mandarinenfarbigen Modellen. Meine Beteiligung an der Entscheidungsfindung ist bis auf weiteres entbehrlich. Eine barmherzige Verkäuferin bietet mir einen bequemen Fauteuil an, in dem ich trotz des dargereichten Kaffees kurz eingenickt sein muss.
Unversehens steht Tony vor mir, ein schlichtes Designerkleid in damenhaftem Dunkelbraun vor sich herschwenkend. „Um

Gottes Willen, was glaubst du, was die Mama dazu sagen würde! Du weißt doch, dass sie braun für unter Achtzigjährige nicht leiden kann." Hellauf lachend springt Sophie hinter einem Gestell mit Abendhandtaschen hervor. „Geh, Papa, das wissen wir doch, das war doch nur ein Schmäh!"
Und dann verschlägt es mir fast die Sprache, als Anna in einem tief dekolletierten, purpurfarbenen Seidenkleid auf mich zuschwebt. (Na ja, „zuschweben" trifft es vielleicht nicht ganz,

aber die Sneakers, an denen Anna geradezu festgewachsen ist, lassen ein adäquates Gangbild schwer zu.)
Flugs fördert eine einfühlsame Angestellte silberne Stöckelschuhe mit zierlichen Riemchen zutage.
Erleichtert ob des relativ zügigen Einkaufs zücke ich meine Kreditkarte. Was auch immer Annas Maturajahr bringen wird – die Wahl dieses Kleides empfinde ich bereits als durchaus reife Leistung.

Ein Osterhasi ist kein Wauwau

Unlängst im Zug. Ein Vater hält seine vielleicht eineinhalbjährige Tochter auf dem Schoß. Auf dem Tischchen vor den beiden stehen ein Teeflascherl, ein Teddybär, eine Box mit Feuchttüchern. Daneben ein halbvolles Gläschen mit Gemüsebrei. Der Vater säubert umständlich zuerst den breiverschmierten Kindermund, dann den linken Ärmel seines dunkelblauen Sakkos. Auf dem Nebensitz liegt ein rosaroter Blümchenrucksack, aus dem Bilderbücher, ein Schmusetuch, eine Spieluhr und eine Stoffmaus quellen.
Vater (zärtlich): Freust du dich schon, Bienchen, übermorgen kommt der Osterhase.
Tochter: Wauwau?
Vater (belehrend): Nein, das ist kein Wauwau. Ein Osterhase kann doch nicht bellen wie ein Hund.
Tochter: Wauwau!
Vater (erfreut): Ja, ein Wauwau kann bellen, aber das Osterhasi nicht. Dafür bringt dir das Osterhasi Eier und ein Schokoladelamm.

Tochter: Wauwau.
Vater (geduldig): Nein, ein Schaf macht nicht wauwau. Ein Schaf macht bähbäh. Bienchen, kannst du schon bähbäh machen?
Tochter: Wauwau.
Vater (ein wenig lauter werdend): Nein, nicht wauwau, bähbäh. *(Pause)* Das Osterhasi wird dir was Schönes im Garten verstecken.
Tochter: Wauwau.
Vater (mit zusammengepressten Zähnen): Nein, keinen Wauwau, aber vielleicht ein Sandkübi. Oder auch ein Bilderbuch.
Tochter: Wauwau.
Vater (an sich haltend): Ja, vielleicht ein Buch, in dem ganz viele Wauwaus drin sind. Zum Beispiel ein Yorkshireterrier.
Tochter: Wauwau.
Vater (hoffnungsfroh): Ja, ein Yorkshireterrier ist ein Wauwau. Aber vielleicht bekommst du auch ein Rutschauto.
Tochter: Wauwau.
Vater (zusehends um Fassung ringend): Ein Rutschauto ist kein Wauwau. Auf ein Rutschauto kannst du dich draufsetzen.
Tochter: Wauwau.
Vater (neue Hoffnung schöpfend): Ja, auf einen Wauwau kannst du dich auch draufsetzen. Aber ein Wauwau hat keine Räder. Vielleicht bekommst du auch ein kleines Plüschhasi.

Tochter: Wauwau.
Vater (sehr laut): Nein, keinen Wauwau. *(Hat sich wieder unter Kontrolle.)* Weißt du, dass niemand sagen kann, wie das Osterhasi aussieht? Das Osterhasi muss sich immer verstecken. Deshalb lebt es tief unter der Erde. Niemand weiß, was es das ganze Jahr über macht.
Tochter: Wauwau.
Vater (belustigt): Also so viel steht fest, Wauwaus macht der Osterhase nicht, sondern ganz viele kleine Osterhasis.
Tochter: Wauwau.
Vater (brüllend): Wie oft soll ich dir denn noch sagen, dass das Osterhasi kein Wauwau ist.
Tochter: Wauwau.
Vater (erste Anzeichen von Erschöpfung aufweisend): Weißt du, dass Erwachsene und oberschlaue Kinder behaupten, dass es gar keine Osterhasis gibt?
Tochter: Wauwau.
Vater (resignierend): Nein, nicht Wauwaus, die gibt es natürlich, die kann man ja auch sehen. Aber keine Osterhasen.
(Eine Frau mit einem Cockerspaniel betritt das Abteil.)
Tochter: Osterhasi.
Vater (beinahe tonlos): Nein, Wauwau.

Wie sieht der neue Vater aus?

In seinem „Brief an den Vater“ schreibt Franz Kafka an einer Stelle: „Heiraten, eine Familie gründen, alle Kinder, welche kommen wollen, hinnehmen, in dieser unsichern Welt erhalten und gar noch ein wenig führen ist meiner Überzeugung nach

das Äußerste, das einem Menschen überhaupt gelingen kann." Heutzutage, scheint es, wollen immer weniger junge Menschen das „Unternehmen Familie" wagen. Als Brad Pitt, in den Jahren 1995 und 2000 von der Zeitschrift „People" zum „Sexiest Man Alive" gekürt, immer öfter in schlabbriger Kleidung mit seinen Kindern auf dem Arm gesehen (und fotografiert) wurde, sagte Karl Lagerfeld, einer der einflussreichsten Modeschöpfer unserer Tage: „Brad Pitt ist okay. Aber der spielt leider nur noch Kindermädchen. Diese neuen Väter sind das Schlimmste, was es gibt." Und zwar deshalb, weil sie ihre Kleidung und ihre Karriere vernachlässigen.
Für Lagerfeld hat die Vaterschaft einen fatalen Beigeschmack: dass sie nämlich von den eigentlich wichtigen und schönen Dingen des Lebens abhält, dass sie zum modischen Lebensstil überhaupt nicht mehr passt.
In einem Porsche-Testbericht hieß es vor einiger Zeit: „Andere sollen einen Sohn zeugen, ihr Haus bauen und von mir aus einen Baum pflanzen. Ich wollte immer nur mal einen Sportwagen fahren."
Beide Zitate symbolisieren treffend die Krise der Vaterschaft. Väter, die sich liebevoll um ihren Nachwuchs kümmern, werden immer noch von (zu) vielen Zeitgenossen als Softie, als Weichei abgestempelt. Der Kinder wegen auf berufliche Aufstiegsmöglichkeiten zu verzichten, wird – wenn überhaupt – nur den Müttern zugemutet.
Viele Männer sind verunsichert, wie sie ihre Vaterrolle anlegen sollen: Das Patriarchat ist abgeschafft, der Vater als Familienoberhaupt, als letzte Instanz, obsolet geworden. Nur: Wie sieht der neue Vater aus?
Es gibt, glaube ich, viele Wege, ein guter Vater zu sein. Ein Patent-

rezept existiert nicht. Wichtig ist, dass der Vater nicht abwesend ist: Er wird gebraucht im Alltag, in der Erziehung, er muss sich mitfreuen und mitleiden können mit seinen Kindern.
Er kann seinen Kindern „Lebenshelfer“ sein, wie Dieter Thomä in seinem lesenswerten Buch „Väter – eine moderne Heldengeschichte“ schreibt – oder sich aus seiner Verantwortung stehlen. Kinder sollen aber jedenfalls spüren, dass auch Väter nur Menschen sind und Fehler machen können.
Die schönste und zugleich wichtigste Aufgabe im Leben eines Vaters ist es, seinen Kindern Schutz zu gewähren. Als ich ein Kind war, hatte ich immer das Gefühl, ich könne mit dem Schutz meines Vaters rechnen, egal, was geschieht. Dieses selbstver-

ständliche Vertrauen gehört zu den schönsten Erinnerungen an meine Kindheit.
Vor einigen Jahren habe ich einmal geschrieben: „Eine glückliche Kindheit ist mehr als ein paar unbeschwerte Jahre. Sie ist eine magische Hülle. Ist man einmal von ihr umschlossen, bietet sie Schutz ein Leben lang."
Seinen Kindern eine glückliche Kindheit zu ermöglichen – kann man als Vater mehr erreichen?

Wir gehören für immer zusammen

Mein ältester Sohn und ich haben gemeinsam fünf Radtouren gemacht, jeweils eine knappe Woche lang. Diese Sommertage zählen zu den beglückendsten in meinem Vaterleben. Unsere erste Tour ging von Passau nach Wien. Mein Rad war schwer bepackt, Dominik strampelte auf einem kleinen blauen Kinderrad tapfer hinter mir her. Von seinem Gepäckträger flatterte nur ein kleiner Wimpel, in schwarz-weißen Farben: der des SK Sturm. Dennoch hatte er Mühe, in meinem Windschatten zu bleiben. Er musste ja doppelt so schnell treten wie ich.
Wenn wir zusammen unterwegs waren, führten wir keine tiefschürfenden Gespräche über die Dinge des Lebens. Wir redeten darüber, was wir abends essen würden, oder über Fußball.
Die Abendessen waren immer Höhepunkte, die Suche nach einem Zeltplatz manchmal aufregend. Wir schlugen die Heringe ein, wo es uns gerade gefiel. Ein Ort hat sich über all die Jahre unauslöschlich in meinem Gedächtnis eingebrannt: Unser Zelt stand so nahe am Ufer der Donau, dass Wassertropfen der sich sanft brechenden Wellen die Außenplane benetzten. Wir

hatten ein kleines Feuer gemacht und eine Bratwurst auf selbst geschnitzten Stecken in die Glut gehalten. Nie wieder nachher hat mir eine Bratwurst so gut geschmeckt wie damals – und nie wieder war mir mein Sohn so nahe: Wir gehörten zusammen.
Im Zelt dann suchte seine kleine Hand meine große, hielt sie fest, und so schliefen wir ein.
In diesen heißen Sommertagen, wenn Dominik, mit vor Hitze und Anstrengung rotem Kopf, hinter mir herfuhr, blind mir vertrauend (er wäre mir, ohne zu überlegen, wohl überallhin gefolgt), erfuhr ich, was Vater-Sein vor allem bedeutet: Du musst deinen Sohn beschützen, Gefahren von ihm abwenden, ihn anleiten zum Leben, immer für ihn da sein.

Ich hoffe, das habe ich meinem Sohn vermitteln können. Und dass das Leben etwas Großartiges ist, ein Geschenk. Die eigenen Schwächen ertragen können, nie verzweifeln, mutig sein und optimistisch. Nicht jammern und die Schuld bei den anderen suchen, sondern auf die eigenen Stärken vertrauen – kann so das Leben gelingen?
Mein ältester Sohn ist schon lange kein Kind mehr, er ist so wie ich Lehrer geworden, unterrichtet die gleichen Fächer, Deutsch und Turnen, ich weiß nicht, ob das mit mir zusammenhängt. Aber ich bin mir ganz sicher, dass er viel mehr kann als ich damals mit 27, er beherrscht zwei Fremdsprachen perfekt und hat von der Welt viel mehr gesehen. Ich bin stolz auf ihn.
Manchmal frage ich mich, ob er mich noch braucht: Ich bin kein Beschützer mehr und auch kein Erzieher. Doch dann tröste ich mich damit, dass ich die Zeit, die ich mit ihm geteilt habe, als er noch ein Kind war, wie einen kostbaren Schatz in mir aufbewahre. Und dass mein Leben als Vater weitergeht.
Wir gehören zusammen – für immer.
Heuer wollen wir noch ein Mal eine Radtour machen. Allerdings mit vertauschten Rollen: Er vorne, schwer bepackt, und ich in seinem Windschatten, mit nichts als dem Meisterwimpel des SK Sturm.

Ich will keinen Hai streicheln

Der Applaus war enden wollend

Einmal war ich bei der Veranstaltung „Rund um die Burg. Die 24 Stunden der Literatur in Wien" eingeladen. Ich fühlte mich sehr geehrt. Schließlich hatten im Rahmen dieser Veranstaltung bereits Größen wie Donna Leon, Hellmuth Karasek, Christiane Hörbiger, Barbara Frischmuth und Barbara Winter gelesen. Als Stargast war diesmal Charlotte Roche vorgesehen, deren pornographischer Roman „Feuchtgebiete" seit Monaten auf allen Bestsellerlisten ganz vorne stand.

Die englische Autorin war als Höhepunkt des Erotikblocks geplant, der von 3.00 bis 5.00 angesetzt war. Unmittelbar danach sollte ich lesen.

Leider hatte Charlotte Roche abgesagt. Ein kurzer Blick ins Hauptzelt genügte, um eine ungefähre Zahl der Zuhörerschaft zu erfassen: Es waren zehn bis zwölf Personen.

Ich suchte fieberhaft in meinem neuen Buch „Auch Eltern sind nur Menschen" nach Erzählungen, bei denen auch Erotik-Fans auf ihre Rechnung kommen könnten und die die Bruchlinie zwischen pornographischen und Familiengeschichten nicht so brutal zu Tage treten ließen.

Ich begann meine Lesung mit dem Text „Wollen Sie noch einen Orgasmus?" Zwei Herren mit hochgestellten Mantelkrägen, die bereits auf dem Weg zum Ausgang waren, hielten kurz inne. Leider verspricht der Titel mehr, als er hält. In dieser Geschichte erzähle ich, wie ich mit meiner ältesten Tochter nach einer Theatervorstellung in einer Bar einen Drink namens „Orgasmus" bestelle. Und die Kellnerin mich, nachdem ich ausgetrunken habe, brüllend fragt: „Wollen Sie noch einen Orgasmus?"

Auch der zweite Text „Mein Alter ist total porno" (ich setze

mich darin mit der Entwicklung der Jugendsprache auseinander) konnte bei den beiden Herren keinen Umschwung bewirken: Sie verließen das Zelt, zwei weitere Zuhörer folgten. Es stellte sich heraus, dass die Schnittmenge von Liebhabern erotischer Texte bzw. von Familiengeschichten doch eher gering ist.
Die Zahl der ZuhörerInnen war nun nämlich deutlich im einstelligen Bereich: Es waren acht Personen (gezählte, nicht geschätzte!), vier davon aus dem engsten Verwandtenkreis. Meine beiden Söhne Nikolaus und Klemens, die mich nach Wien begleitet hatten, hockten, vom Lesemarathon ziemlich mitgenommen, frierend auf ihren Sesseln. Immerhin saßen sie bereits seit 22 Uhr im ungeheizten Zelt und hörten sieben Stunden literarische Texte, die beiden letzten davon pornographische.
Meine ältere Schwester, die in Wien lebt und mit ihrer Tochter (meinem Taufkind) gekommen war, fror nicht. Sie hatte einen wattierten Anorak an und eine Zipfelmütze auf.
Von den vier außerfamiliären ZuhörerInnen saß eine direkt vor mir in dicke Decken gewickelt – und schlief.
Es ist gar nicht so einfach, mit einem Mikrophon zu einer so intimen Gruppe im richtigen Tonfall zu sprechen.
Das Auditorium war jedenfalls zu klein, um Begeisterungsstürme zu

entfachen. Immerhin hörte ich zwei Mal jemanden lachen – es war die Stimme meiner Schwester. Der Applaus am Schluss war enden wollend.
Um exakt 5 Uhr 30 verließ ich das Zelt, mit mir meine kleine Anhängerschaft. Nach mir las Jan Koneffke, der für Charlotte Roche eingesprungen war. Vor vier Personen. Drei hörten zu, eine schlief.

Geheimversteck für Plastiksackerln

Glücklicherweise hatten meine Eltern aus meinem vergleichsweise lieblosen Umgang mit meiner Blockflöte, der ich eher Fußtritte zu versetzen denn Töne zu entlocken pflegte, den richtigen Schluss gezogen, dass ich zum aktiven Musiker nicht geboren sei.
Dennoch höre ich gerne klassische Musik. Da ich sowohl auf meinem Radiogerät in der Wohnküche als auch in unserem Bus Ö1 höre, habe ich meinen Nachwuchs dringend ersucht, diese Frequenz nach allfälliger Benützung der genannten Geräte wieder einzustellen. (Meine Kinder bevorzugen während ihrer nahezu stündlich stattfindenden Jausenrunden naturgemäß andere Sender.)
Der Erfolg meiner diesbezüglichen Erziehungsmaßnahmen hält sich (bislang) in engen Grenzen.
Wenn mich aber Astrid mit gerunzelter Stirn einen „zweiten Marcel Prawy“ nennt, so spielt sie damit nicht auf meine Vorliebe für Symphonien und Klavierkonzerte an, die ich mit dem verstorbenen Großmeister der Opernführungen gemeinsam hätte, sondern auf meine Liebe zu Plastiksackerln.

Marcel Prawy, der zeit seines Lebens im Hotel gelebt hat, soll alle seine Manuskripte in Kunststofftragtaschen aufbewahrt haben. Angeblich hatte er dabei ein genau ausgeklügeltes System, durch das er den Überblick über sämtliche Opern, Operetten und Musicals behielt, die er in seinen legendären Sendungen präsentierte.

In diesem Punkt ist mir der Wiener Grandseigneur ein großes Vorbild. Ob Hausübungshefte, Lehrbücher oder Unterrichtsmaterialien – ich habe ein für mich logisches und wohldurchdachtes Transport- und Aufbewahrungssystem, das meine Frau leider „unstandesgemäß und daher peinlich" findet. Der Boden meines kleinen Arbeitszimmers ist vollgestellt mit Dutzenden höchstens notdürftig beschrifteten Nylonsackerln. Meine Höchstmarke aus dem Jahr 2006 betrug 67 solcher Behältnisse.

Dabei bemühe ich mich redlich, mein Fahrrad zumindest auf dem Weg zur Schule ausschließlich mit „intellektuellen" Sackerln (Buchhandlungen!) zu beladen und die Verwendung von Tragtaschen einschlägiger Lebensmitteldiskonter tunlichst zu vermeiden. (Wiewohl gerade diese rund um die Henkel besonders gut verarbeitet, extrem reißfest und für den Transport von Schularbeitenheften sehr gut geeignet sind.)

Astrid ihrerseits überrascht mich in schöner Regelmäßigkeit, indem sie mir edle Lederschultaschen mit allerlei Spezialfächern

schenkt, in denen auch Kugelschreiber, Brille und Notenkatalog sauber verstaut werden könnten. (Ich nehme für derlei kleinformatige Sondergepäckstücke vorzugsweise Plastiksackerln der Apotheke meines Vertrauens.)
Bislang bin ich im Besitz von fünf solcher Taschen (zwei schwarzen, drei braunen), die jedoch sämtlich voll und daher aktuell nicht verwendbar sind.
Meine Frau hat im Rahmen der österlichen Generalsanierung die Speisekammer entrümpelt. Im Zuge der diesbezüglichen Aufräumungsarbeiten entsorgte sie bis auf einen verschwindend kleinen Notvorrat unsere gesamten Plastiksackerlvorräte.
Aber nach mehr als einem Vierteljahrhundert des ehelichen Zusammenlebens sieht man mitunter auch raffinierte Schachzüge voraus. So habe ich mir seit Weihnachten in einer Lade meines Schreibtisches, von meiner Frau unbemerkt, ein kleines Reservoir idealformatiger Geheimsackerln angelegt.
Ich bin sicher, der große Marcel Prawy wäre stolz auf mich.

„Wie waren diesmal die Gelsen?"

Beim Durchblättern der jüngsten Fotoalben ist mir aufgefallen, dass ich meiner Mutter – äußerlich – zusehends ähnlicher werde. Das zeigt sich darin, dass ich beim Anblick eines meist ein wenig angestrengt lächelnden weißhaarigen Menschen denke: Eigentlich sieht meine Mutter für ihr Alter noch wirklich gut aus – und beim genaueren Hinschauen dann feststelle: Meine Mutter bin ich!
Es ist aber auch schon vorgekommen, dass ich mein Konterfei betrachtet habe und ins Sinnieren gekommen bin, wie sehr mir

die letzten Jahre zugesetzt haben. Glücklicherweise stellt sich dann meist heraus, dass das Foto nicht mich, sondern meine 27 Jahre ältere Mutter zeigt.
Aber nicht nur äußerlich werden wir einander immer ähnlicher. So verbindet uns neben einer Vorliebe für frisch aus der Weizklamm gefischte Saiblingsfilets und einer tief gehenden Abneigung gegenüber jeglicher Art von Innereien zum Beispiel eine unerklärliche Furcht vor donnerartigen Geräuschen. Vor dem Entkorken einer Sektflasche sucht meine Mutter immer ein anderes Zimmer auf, in Begleitung ihres ältesten Sohnes.
Einmal wohnten wir gemeinsam einer sehr anregenden modernen Inszenierung von Schillers Sturm- und Drang-Drama „Die Räuber" bei. Einsichtig wurde der Bezug zur Gegenwart herausgearbeitet. Was ich nicht verstand und nach wie vor nicht verstehe: Warum um Himmels willen werden seit Jahrzehnten auf Theaterbühnen aus den gleichen altmodischen Pistolen die tödlichen Schüsse abgegeben, die ganz besonders laut knallen? Kaum griffen die Protagonisten zu ihren Feuerwaffen, hielten meine Mutter und ich uns die Ohren zu: zwei weißhaarige, ältere Menschen in der 14. Reihe, die ängstlich darauf warteten, dass das donnerartige Geräusch endlich vorüberginge.
Gemein ist uns auch eine ausgeprägte Abneigung gegenüber Gelsen. Wenn ich aus Italien zurückkomme, fragt mich meine Mutter immer gleich zur Begrüßung: „Wie waren diesmal die Gelsen?"

Unser heuriges Urlaubsdomizil kann man sich idyllischer kaum vorstellen. Ein Haus inmitten eines landwirtschaftlichen Betriebes in der Toskana, Schirmpinien, Zypressen und Akazien, wohin das Auge reicht. Waren die Kinder am Strand, war nur das tausendfache Zirpen der Grillen und das leichte Rauschen des Windes in den Blättern der Eukalyptusbäume, die rund um das Steinhaus standen, zu hören.
Abends saß ich vor dem rosaroten Oleanderstrauch und sah zu, wie die Sonne hinter der Silhouette des malerischen Fischerdorfes verschwand und der Mond einen silbernen Schleier über das Mohnblumenfeld und die Pappelallee legte.
Ach, könnte ich immer so sitzen, dachte ich, und den Rufen des Waldkauzes lauschen.
Plötzlich jedoch waren sie da, meine winzigen Feinde: die Gelsen. Sie umzingelten mich, sie umsurrten mich, sie stachen mich. Das mondbeschienene Paradies hatte sich innerhalb von Minuten in eine gnadenlose Kampfzone verwandelt.
Anfangs versuchte ich es mit konventionellen Mitteln, zog meinen Trainingsanzug an, stellte den Kragen hoch, legte einen Polsterüberzug auf meinen Kopf, darüber den Fez, den mir Klemens von seiner Maturareise aus der Türkei mitgebracht hatte. Ich sah aus wie einer der Scheichs, die sich neben etlichen Haremsdamen und einem Pferderennstall auch einen Fußballklub leisten und manchmal auf der Trainerbank Platz nehmen. Meine Kinder fanden kaum Zeit, meinen Aufzug lächerlich zu finden, weil sie alle Hände (und Füße) zu tun hatten, sich gegen die widerlichen Biester zur Wehr zu setzen und ihre Stiche zu zählen, die sich dem dreistelligen Zahlenbereich näherten. Meine Frau aber, die lediglich mit nachlässiger Gebärde allzu aufdringliche Tiere aus ihrem Gesichtsfeld scheuchte, fand meine

Adjustierung maßlos übertrieben und schlichtweg peinlich. Was ich bisher nicht wusste: Gelsen vermögen mühelos durch den dicht gewebten Stoff einer fabriksneuen Trainingshose zu stechen. (Meine Überlegungen, im nächsten Sommerurlaub in Schibekleidung die lauen Abende zu verbringen, stießen innerfamiliär auf einhellige Ablehnung.)
Schnell wurde mir klar, dass ich zu härteren Maßnahmen greifen musste – was ich nicht gerne tat, weil ich weiß, dass Gelsen für das biologische Gleichgewicht immens wichtig sind.
Um meinen Platz also baute ich einen Wall aus Gelsenlichtern. Band um jedes Hand- und Fußgelenk ein sauteures Armband zur Abwehr aller Arten von Insekten. Besprühte meine Beine, ehe ich meine Trainingshose anzog. Stellte zwischen meine Füße eine Vulcano-Spirale. Und erwartete die Feinde, denen es trotz allem gelingen sollte, in meine Festung einzudringen, mit einer Art elektrisch aufladbarem Tennisracket in meiner Schlaghand. Diese Methode erwies sich als durchaus erfolgreich, brachte allerdings den kleinen Nachteil mit sich, dass mir Astrid das Fleisch vorschneiden musste, was sie recht lieblos tat.
Während wir beim Frühstück ziemlich leidenschaftlich über Vor- und Nachteile meiner Gelsenabwehrstrategie diskutierten, übersah ich, dass an meinen unbedeckten Unterschenkeln winzig kleine schwarze Punkte hockten und ziemlich juckten. Meine Frau tat meine Beobachtung lässig ab, das seien lediglich Erdflöhe, kein Anlass zu übertriebener Panik. Später entdeckte ich im Briefkasten ein Wespennest, das problemlos entsorgt werden konnte.
Es waren zwei wunderschöne Wochen, ehrlich, und ich freue mich schon aufs nächste Jahr. Dann komme ich im Schutzanzug eines befreundeten Imkers und mit Vollvisierhelm.

Ich will keinen Hai streicheln

Vor vielen Jahren durchquerte Astrid auf einem Kamel die Wüste Sinai, gemeinsam mit Dominik, unserem Ältesten. Vor allem die zwei Tage in Nuweiba, die sie nach einsamen und kalten Nächten unter freiem Himmel verbrachte, sollten das Leben meiner Frau verändern. Seit sie in die faszinierende Unterwasserwelt eingetaucht ist, hat sie, kaum sind wir an irgendeinem Strand, Taucherbrille und Schnorchel auf- und Flossen angeschnallt, um nach Anemonen-, Tabakfalter- und Kugelkopfpapageienfischen Ausschau zu halten. Fast immer kehrt sie von ihren kleinen Expeditionen mit unauslöschlichen Eindrücken zurück. „Ein riesiger Schwarm Mondflossenzackenbarsche! Bitte setz dir die Taucherbrille auf und komm mit!"
Nun halte ich mich leider nicht gerne im Wasser auf, geschweige denn darunter. Ich habe nichts gegen Fische, vor allem gegen die aus der Weizbachklamm, den Saibling und die Forelle, in Butter gebraten, mit Petersil und Zitrone. Auch die, die sich in riesigen Aquarien tummeln, große und kleine, gestreifte und einfärbige, glatte und gezackte Meeresbewohner betrachte ich nicht ohne ein gewisses Interesse. (Auf jeder Städtereise gehört ein mehrstündiger Aufenthalt im jeweiligen „Haus des Meeres" zu meinem Pflichtprogramm – das schönste steht übrigens in Barcelona.)
Von unzähligen Universum-Sendungen weiß ich auch, wie man sich gegenüber Haien, die im Grunde gutmütige Tiere sind, korrekt verhält: Man müsse sie nur leicht auf der Stirne streicheln, dann würden sie in einen tranceartigen Zustand verfallen und friedlich neben einem her schwimmen. Mein Problem dabei ist: Ich will keinen Hai auf der Stirne streicheln. (Allerdings auch

keinen anderen Fisch.) Das ist etwas, das Astrid nicht verstehen kann.
Deshalb singt sie, sirenengleich, Sommer für Sommer, von den Wundern des Meeres. Viele Jahre habe ich ihren Lockrufen widerstanden, vor 14 Tagen bin ich ihnen erlegen.
Astrid hatte mich zu Weihnachten mit einem Reisegutschein überrascht. „Er war sagenhaft günstig, eine Woche Halbpension in einem 4-Sterne-Hotel am Roten Meer mit Flug 470 Euro.

Außerdem soll es ganz in der Nähe ein Schnorchelparadies geben." Ich zuckte zusammen, was meine Frau nicht wirklich zu irritieren schien. „Ich habe nur einen Wunsch an dich: Dass du diesmal mit mir schnorcheln gehst."
Ich saß also einen Tag nach unserer Ankunft (30 Grad Luft- und 25 Grad Wassertemperatur) in einem engen Bus, eingekeilt zwischen Gerda aus Göttingen, einer stämmigen Mittvierzigerin, Lektorin, und Jutta, einer pensionierten Studienrätin aus Köln, die noch nie geschnorchelt hatte. Wir beide waren die einzigen Anfänger der munteren Truppe, deren Mitglieder sich auf der knapp zweistündigen Fahrt recht schnell näher kamen. Vor allem Rüdiger, ein emeritierter Professor für deutsche Literatur, gab einige Anekdoten zum Besten. Schweigsamer wurde er erst, als er neben uns seinen Neoprenanzug anprobierte.
Während Astrid und ich uns gegenseitig beim Ankleiden der hautengen Tauchmonturen unterstützten – schließlich schafften wir es unter gemeinsamem Zerren und Ziehen –, kämpfte er ein verzweifeltes, wütendes Gefecht.
Als ich schon hüfttief im Wasser stand, sah ich ihn noch mit der linken Beinröhre kämpfen. Auch Gamal, unser freundlicher Reisebegleiter, an dessen rechter Hand sich Gerda festgekrallt hatte, sah, wie Rüdiger ins Meer torkelte, hochrot im Gesicht. War es der enge Anzug, war es die ungewohnte Anstrengung? Der Professor taumelte, stürzte kopfüber ins Wasser. Blitzschnell machte sich Gamal von Gerdas Hand frei, zog den Alten hoch und begleitete den noch stark Schwankenden ins Strandcafé.
Der kleine Zwischenfall konnte die Stimmung unserer Gruppe nicht beeinträchtigen, noch dazu, als Rüdiger schon nach wenigen Minuten herüber rief: „Kein Grund zur Aufregung, nur eine kleine Kreislaufschwäche."

Astrid schnorchelte vor mir her, zeigte begeistert in die Richtung des Korallenriffs. Ich sah zuerst nur gelbe, rote und blaue Flossen, dann einen Schwarm winziger Fische, allerdings nur für Sekunden. Ich musste prustend Luft holen, weil die (geliehene) Brille nicht wasserdicht abschloss. Als ich das nächste Mal untertauchte, fand ich mich in einem Schwarm von Nesselquallen wieder. Träge trieben sie neben und unter mir. Auch wenn ich mich in meinem Neoprenanzug relativ sicher fühlte, hatte ich genug. Außerdem drückten die (geliehenen) Flossen stärker als alle Schischuhe, in die ich mich jemals gezwängt hatte.
Zu Mittag berichteten alle, was sie unter Wasser entdeckt hatten: Jutta eine niedliche Muräne, Jens einen hochgiftigen Steinfisch („Ich habe ihn natürlich nicht anjefasst"). Mit meinen Nesselquallen konnte ich wenigstens Gerda beeindrucken, die gar nichts gesehen hatte.
Nach dem Essen brachen alle zu einer zweiten Runde auf, bis auf den Professor und mich. Wir tranken ein Glas Wein, tauschten Fischrezepte aus und schworen uns: Flossen kommen uns nie wieder an die Füße.

Wo war doch gleich der Fliegenpilz?

Einer meiner immer wiederkehrenden Vorsätze lautet: Ich will mit meinen Kleinsten mehr spielen! Als junger Vater wollte ich gemeinsam mit meinen Kindern viele originelle Dinge basteln: eine Rakete zum Beispiel oder ein Piratenschiff oder wenigstens ein Vogelhaus.
Der Versuch, ein Baumhaus in die Krone unseres Kirschbaumes zu zimmern, zeigte jedoch brutal meine Grenzen als Hobby-

bastler auf. Die Begehung der kleinen Behausung erwies sich als verdammt gefährlich, da der Boden so schief war, dass sich meine Buben mit beiden Händen an den Seitenwänden festkrallen mussten, um nicht abzurutschen und abzustürzen. Astrid, die gewöhnlich viel Verständnis für mein Tun aufbringt, erwies sich in diesem Fall als ziemlich humorlos und verlangte die sofortige Demontage des Holzungetüms.
Mit dem Spielen verhält es sich anders. Meine ältere Schwester liebt Brett- und Gesellschaftsspiele von 4 bis 99 Jahren. Sie kauft

zu den Geburtstagen ihrer Kinder immer die aktuellsten und schwierigsten und verbringt lange Abende und Nächte damit, auf Spielbrettern Hindernisse zu überwinden oder Lebensraum für ihre Siedler zu schaffen. Ich bewundere sie dafür und stelle mir sehr schön vor, wie alle um einen Tisch sitzen und fieberhaft würfeln.

Mein Problem ist nur: Ich hasse Spiele, in denen ich mich in Labyrinthen zurechtfinden oder vor grimmigen Fabelwesen in Sicherheit bringen muss.

Meistens scheitere ich schon an der Spielanleitung, die oft so umfangreich ist, dass ich den Anfang schon vergessen habe, wenn ich endlich am Ende angelangt bin. Auch ab einer gewissen Spieldauer, meistens so nach zwei Stunden, lässt meine Konzentration stark nach. Deshalb bevorzuge ich einfache Spiele. Uno zum Beispiel. Sophie will allerdings nicht mehr mit mir spielen, weil ich manchmal schummle und nicht nur eine Karte, sondern gleich mehrere auf einmal ablege. (Ich weiß, das ist pädagogisch bedenklich, aber manchmal kann sich auch eine Uno-Partie verdammt lange hinziehen. Ein mit dem Schlaf ringender Vater ist recht demotivierend für die Spiellust seines Nachwuchses ...)

Am liebsten spielt Sophie mit mir Memory. Auch ich kann diesem Klassiker einiges abgewinnen: Die Regeln sind schlicht und das Wegraumen eine Sache von Sekunden. Außerdem wird das visuelle Gedächtnis trainiert. Nur eines stört mich: Ich habe noch nie gewonnen!

Ich bin nicht krankhaft ehrgeizig, ehrlich. Aber hin und wieder möchte auch ich gewinnen. Oder wenigstens nicht so klar verlieren. Eigentlich sind es keine Niederlagen, sondern Debakel, die ich erleide.

Während ich verbissen nach dem Fliegenpilz suche, der gerade aufgedeckt worden ist (oder war das in der vorigen Partie?), scheint meine Tochter gar nicht richtig hinzuschauen und streichelt unsere kleine Hündin. Aber wenn sie drankommt, holt sie sich ganz lässig die Fliegenpilze und so nebenbei auch noch die Eisbären und die Regenschirme. Am Ende hat sie 23 Paare und ich sieben, die sie mir großzügig überlassen hat. Sie ist nämlich ein gutes Kind, meine kleine Tochter. Wirklich.

Erinnerung an Franz Nabl

Unlängst war ich bei einem ehemaligen Schüler eingeladen, Vater eines entzückenden, aufgeweckten Buben, der mich bald mit Dutzenden Duplo-Figuren umzingelt hatte.
Zu Hause entdeckte ich in der rechten Tasche meines Sakkos einen Polizisten, den ich anderntags zusammen mit einem Feuerwehrmann aus unserem Fundus in einem Kuvert dem rechtmäßigen Eigentümer zurückschickte.
Dabei fiel mir jene kleine Begebenheit ein, die knapp 58 Jahre zurück liegt und meine erste Begegnung mit Franz Nabl war. Jenem großen steirischen Dichter, der 1974 im 91. Lebensjahr verstarb und nach dem der Literaturpreis und das Institut für Literaturforschung benannt sind.
Ich besitze ein Dokument von köstlichem Wert, mit einer fiktiven, vielstelligen Aktennummer ausgestattet, datiert „Graz, 30. Dezember 1952" und eigenhändig und mit für ihn sonst ungewohnt großen Schriftzügen unterzeichnet: „Franz Nabl". Der Brief trägt die vor allem in den ersten Nachkriegsjahren überaus strapazierte Kennzeichnung „Erklärung an Eides Statt".

Diese sei hiermit zum ersten Mal öffentlich kundgetan: „Als der Endesgefertigte sich gestern Abend beim Zubettegehen und Entkleiden seines Rockes entledigte, fand er in der linken Seitentasche desselben zu seiner höchsten Verwunderung eine Stablampe von grünlicher Färbung, in der er ein Eigentum des Hauses Hofmann-Wellenhof bzw. des älteren Sohnes desselben, Gottfried von Wellenhof, auch Gotti genannt, zu erkennen glaubte. Diese Vermutung schien naheliegend, da Endesgefertigter in dem obgenannten Hause während des vorhergehenden Abends einige Stunden geweilt hatte und bei diesem Anlass des Öfteren auch mit dem erwähnten Gottfried von Wellenhof, auch Gotti genannt, in Berührung gekommen war. Mutmaßlich

benützte der mehrfach genannte Gottfried von Wellenhof die Gelegenheit einer solchen Berührung in Verbindung mit einem Augenblick des Nichtbeobachtetseins dazu, den erwähnten Gegenstand (grünliche Stablampe) in die Rocktasche des Gefertigten einzuführen, wobei nicht nachweislich ist und daher unentschieden bleiben möge, ob er dies in doloser Absicht unternahm, d. h. in der Absicht, den Gefertigten in den Verdacht vollbrachten Diebstahls zu bringen.
Solchen Verdacht bei dem betroffenen Hause Hofmann-Wellenhof von allem Anbeginn an im Keime zu ersticken und zu entkräften, ist vornehmlich Zweck dieser eidesstattlichen Erklärung. Auch möge sie dazu dienen, genanntes Haus über Verbleib genannten Gegenstandes (grünliche Stablampe) zu unterrichten und zu beruhigen, da anzunehmen, dass Gottfried von Wellenhof, genannt Gotti, darüber befragt, sich wohl nur mit dem ihm geläufigen Wörtlein ‚furt' bzw. ‚weg' äußern dürfte.
Gefertigter verpflichtet sich, die betreffende Stablampe für eigene Zwecke solange nicht in Gebrauch zu nehmen, bis ihm Gelegenheit geboten wird, sie dem rechtmäßigen Eigentümer (Haus Hofmann-Wellenhof) einzuhändigen."
30. Dezember 1952 – niemals hätte ich gedacht, dass eine kleine, grüne Stablampe unauslöschbares Licht spenden kann …

Eisbecher statt Mastkalb

Neulich im Supermarkt. Ein verzweifelter Vater ruft seinen Sohn: „Lukas, wo bist du denn? Ich bin hier! Lukas!" Keine Antwort. Ich sehe dem Vater nach, wie er zum Ausgang hetzt, fühle mich 24 Jahre jünger – und doch zugleich uralt.

Sommerurlaub 1987. Ich gehe mit meinem ältesten Sohn, der nicht ganz vier Jahre alt ist, einkaufen. Wie jeden Tag läuft er zum roten Ferrari, der vor dem Geschäft steht. Ich werfe eine 500-Lire-Münze hinein, der Bolide beginnt zu ruckeln. Dominik kurbelt wild am Lenkrad und ist glücklich. Ich rufe ihm zu: „Ich geh schon einmal vor, komm bitte nach!"
Der Supermercato ist sehr überschaubar, ich belade zügig das Einkaufswagerl, bezahle – da plötzlich fällt mir mein Sohn ein: Wo ist er?
Wahrscheinlich steht er beim Regal mit den Süßigkeiten, denke ich. Ich gehe also wieder ins Geschäft zurück – kein Dominik. „Scusi, bello bambino maschio, Domenico ...?" Einige Leute

sehen mich hilflos an, zwei ältere Frauen fliehen vor mir ins Freie. Ich verfluche mich, weil ich noch immer nicht Italienisch sprechen kann.
„DOMINIK! DOMINIK!“ Ich renne zu den großen Oleandersträuchern vor dem Geschäft, hinter denen sich Dominik gerne versteckt. Mein winziger Sohn steht nicht da, aber ein alter Italiener, der gerade seine Notdurft verrichtet.
Inzwischen ist mir heiß, meine Hände schwitzen, mein Puls rast. Da durchzuckt mich plötzlich ein entsetzlicher Gedanke: Vielleicht ist er zum Strand gelaufen, ins Meer ... Aber er kann doch noch nicht schwimmen ...
Nie wieder, glaube ich, bin ich schneller 800 Meter gelaufen als damals. „Doooominik! Dominik!“ Ich halte Ausschau nach seinen strohblonden Haaren. Nur braune oder schwarze Kinderlocken.
„Dominik, wo bist du?“ Ich hetze zurück zum Supermarkt, meine Kehle ist trocken, mein Atem kurz. Und wenn er entführt worden ist?
„Papa, Papa!“ Ich sehe meinen Sohn an der Hand einer wildfremden Frau. Er rast mir entgegen, wirft sich an meine Brust. Ich umarme die unbekannte Retterin („Mille grazie!“), danke seinem Schutzengel und wische ihm (und mir) Tränen aus dem Gesicht.
Der Vorfall war schnell aufgeklärt: Dominik war nicht in den Supermarkt, sondern in den benachbarten Spielsalon gegangen. „Als ich wieder herausgekommen bin, warst du nicht mehr da. Du darfst mich nie mehr allein lassen und mich vergessen. Versprich's mir!“, klagte mich schluchzend mein kleiner Sohn an.
„Ja, lieber kleiner Sohn, versprochen.“

Ganz fest hielten wir einander die Hände, seine kleine meine große, als wir zum Eissalon schritten. Ich musste daran denken, wie im biblischen Gleichnis der verlorene Sohn nach Hause zurückkommt, nachdem er sein ganzes Geld verprasst hat, ihm sein Vater mit ausgestreckten Armen entgegen geht. Aus Freude, ihn wieder zu haben, lässt er ein Mastkalb schlachten und ein großes Fest feiern.

In Ermangelung eines Mastkalbes machten wir uns in der kleinen Gelateria über zwei riesige Eisbecher her. So gut wie damals hat uns beiden, glaube ich, seitdem keiner mehr geschmeckt.

Mach's gut, kleines Mädchen

Keine Erlebnisse im „Elterntaxi“

Im Durchschnitt, so lese ich, verbringen Erziehungsberechtigte jeden Tag 42 Minuten im Auto, um ihre Kinder im „Elterntaxi“ in die Schule zu kutschieren. In Graz will man nun mit einem umfangreichen „Mobilitätsmanagement“ Kinder wieder auf eigene Beine stellen. Wer müde im Fond des elterlichen Autos abhängt, hat keine Erlebnisse mehr.

Früher hat der Schulweg einem einiges abverlangt: Er war lang und manchmal steil und beschwerlich. An heißen Sommertagen hätte man gern eine Rast im Schatten eines mächtigen Kastanienbaumes eingelegt, wenn nicht der Hunger und die Vorfreude auf das Mittagessen so groß gewesen wären. Im Frost des Winters ballten die Kinder mit steifen Fingern den frisch gefallenen Schnee – und schon war eine lustige Schneeballschlacht im Gange.

Wie gern erinnere ich mich an meinen Schulweg! Der zur Volksschule war nicht einmal einen Kilometer lang – und doch eine Strecke voller Abenteuer. Nie war ich allein, zusammen mit meinen Geschwistern und Freunden aus der Nachbarschaft zogen wir los, ein Rudel neugieriger Kinder, die nicht ihre Aufmerksamkeit auf den motorisierten Verkehr richten mussten, weil in der schmalen Gasse praktisch kein Auto fuhr.

Unvergesslich mein Sieg im Wettrennen gegen den Größten und Stärksten in der Klasse, der im Sommer barfuß in die Schule kam, weil seine Eltern kein Geld für Schuhe hatten. Um Franz, so hieß er, rankten sich wilde Gerüchte. Eines Tages brachte er seine Freunde mit, wüste Knaben mit aufgeschundenen Knien, zu denen wir eingeschüchtert und ehrfürchtig aufschauten.

Nach dem Unterricht machten wir manchmal den Umweg durch den Wald, was von den Eltern streng verboten und gerade deshalb umso reizvoller war. Ein Ort dunkler Geheimnisse: Wir liefen über verwachsene Pfade, schweigend, die Haselnussstauden schlugen uns ins Gesicht – bis uns einmal das Herz stockte: Ein unbekannter, verwahrloster Mann stand da, an einen Baum gelehnt. Außer Atem kamen wir zu Hause an, verstört und verängstigt, und gestanden, den verbotenen Weg genommen zu haben. Hoch und heilig mussten wir der Mutter versprechen, nie, nie wieder durch den Wald zu streifen. Und wir taten's nie wieder.

Der Schulweg ins Gymnasium war lange, fast eine Stunde ging's hinunter vom Rosenberg – und zurück noch länger. Aber langweilig war uns nie, meinem Freund Hanno und mir. Wir kickten einander die Rosskastanien im Doppelpass zu und steckten die Nüsse, die von den Bäumen gefallen waren, in die Hosentaschen. Manchmal kam ich zum Mittagessen zu spät, wenn ich noch die Enten im Rosenhain mit den Resten meines Jausenbrotes gefüttert hatte. Mein Schulweg mag mir damals mühsam und anstrengend erschienen sein – und doch ist er mir unvergesslich! Jedes Haus, jeden Baum, jede Zaunlatte, die wir als Ziel für unsere Steinwürfe auserkoren hatten, und natürlich die riesige schwarz-weiß gefleckte Dogge hinter dem großen Eisentor, an dem ich immer mit klopfendem Herzen vorbeigegangen bin – alles noch da und doch unwiederbringlich vorüber.

Mach's gut, kleines Mädchen!

Unlängst ging ich in einer Pause durch unser Schulgebäude, um einen Buben zu suchen, den ich in meine Mannschaft für die erste Runde der Fußballschülerliga einberufen wollte. Dabei bekam ich einen lebendigen Eindruck davon, wie viel pralles Leben in der kurzen freien Zeit zwischen den Unterrichtsstunden Platz hat.

Da kreischten kleine Erstklässlerinnen auf, als ich die Tür öffnete, hinter der sie zu den Klängen, die aus einem pinkfarbenen iPod kamen, eine Hip-Hop-Formation einstudierten. (Tanzwettbewerb?)

In der Nebenklasse saß eine Prinzessin in Mini-Jeansrock und Strasskrönchen und ließ sich, umringt von schnatternden Freun-

dinnen, einen mit buntem Zuckerstreusel dekorierten Schokolademuffin schmecken. (Geburtstag?)
Nebenan das typische Szenario vor einem Test: Coole Burschen tönen lässig, sie hätten rein gar nichts gelernt, ihnen sei die Note aber sowieso s...egal. Beflissene Schülerinnen fragen sich gegenseitig ab – und machen einander dadurch nur noch nervöser. Ein besonders gewitzigter Knabe notiert sich einige Details, die ihm im Hinblick auf die bevorstehende Leistungskontrolle wichtig erscheinen, auf der Haut unter der linken Socke.
Aus dem nächsten Zimmer dröhnte Motorenlärm. Vier hoch gewachsene Sechstklässler hockten einträchtig vor dem Fern-

sehgerät, je eine Fernbedienung umklammernd, und lieferten einander ein heißes Autorennen. (Pubertäre Regression?)
In einer Ecke des Ganges machte ein kleiner Bub erwartungsvoll seine voluminöse Jausenbox auf. Er begann zu strahlen, als er das liebevoll belegte Jausenbrot (Käse, Salatblatt, Gurkenscheibe) auswickelte. Auch ein Apfel war bereits in Stücke geschnitten. (Es gibt sie also noch, die Eltern, die ihrem Kind eine gesunde Jause richten!)
Vor der Tür der Mädchentoilette schmiegte sich eine Fünfzehnjährige schluchzend in die Umarmung ihrer Freundin, die ihr tröstend die Schulter tätschelte. (Liebeskummer?)
In der nächsten Klasse herrschte hektische Stimmung, Schularbeitengeruch lag in der Luft. Eine Schülerin ordnete versonnen die Glücksbringer auf ihrem Tisch. Offenbar entfalten sie ihre Magie erst, wenn alle geheimen Regeln beachtet sind. Also stellte sie das silberne Silvesterschweinchen neben das Federpennal, daneben das Stück Katzensilber von der letzten Wanderung.
Mir wurde ganz schwer ums Herz, und ich musste an meine Tochter denken, die schon in der Nacht vor der Schularbeit kaum schlafen kann, obwohl sie sich tagelang darauf vorbereitet hat. Mach's gut, kleines Mädchen, dachte ich mir. Und: Wie schön wird die nächste Pause sein, wenn diese große Kindersorge erst gut vorbei ist … Und: Wie unbeschwert wäre die Kindheit doch für so manches notorische Angsthäschen, wenn es die Schule nicht … aber diesen Gedanken verbat ich mir natürlich gleich wieder.
Meinen Stürmer habe ich dann schließlich im Schulhof gefunden, wo er gemeinsam mit anderen Unentwegten mit einem Softball auf ein imaginäres Tor schoss, dessen Stangen von Schulrucksäcken markiert wurden.

WETTEN, ICH MUSS NICHT STAUBSAUGEN?

Zu den Eigentümlichkeiten unserer Familie gehört der seit längerem gepflogene Brauch, bei jeder annähernd geeigneten Gelegenheit zu wetten, zum Beispiel, wenn es an der Tür klingelt („2 Euro auf den Haui!").

Den Vorabend von Annas Mathematikklausur verbrachten wir in gespielt-unaufgeregter Beschaulichkeit. Anna hatte keinen rechten Appetit. In einem Anflug von Galgenhumor erklärte sie, ein ordentliches Steak schiene ihr als Henkersmahlzeit eher angebracht als „so ein gesunder Aufstrich auf einem gesunden Schwarzbrot".

Um die Stimmung ein wenig zu heben, gab ich kleine Schnurren aus meiner eigenen, mäßig erfolgreichen Schulzeit zum Besten. Ich weiß nicht mehr, wer begann, Anna eine Wette anzubieten. Jedenfalls stand innerhalb weniger Minuten fest, dass Anna im heiß ersehnten Fall eines Genügend ein Paar Sommerschuhe von mir zu bekommen hätte und bei einem Dreier Jakob ihr sechs Wochen hindurch während ihrer gemeinsamen Lieblingssendung den Rücken massieren würde. Schließlich warf meine Frau scherzhaft ein: „Ich wette mit dir, dass du einen Zweier

schreibst." Prustend bot unsere Tochter als Wetteinsatz an, in diesem absurden Fall das ganze Haus saugen zu wollen. Sie lachte Tränen bei der Vorstellung, ein Gerät in Betrieb zu nehmen, dessen Geräusch sie seit ihrer Babyzeit nicht hören kann. „Mama, das kannst echt vergessen. Ich bin heilfroh, wenn ich morgen positiv bin."

Am nächsten Tag sah es zunächst nicht schlecht aus. Obwohl Anna bei der Nachbesprechung mit den klassenbesten MathematikerInnen festgestellt hatte, dass sie einige „saudumme" Fehler gemacht und einen falschen Wert in ihren Taschenrechner eingetippt hatte, schien eine positive Note gewiss, ja selbst ein Dreier in Reichweite.

Gänzlich neue Perspektiven taten sich plötzlich auf: Sollte unsere Tochter – was nach den vielen mathematischen Rückschlägen der letzten Jahre an ein Wunder grenzen würde – tatsächlich einen Dreier geschafft haben, mit wie viel Motivation würde sie dann für die mündliche Matura arbeiten, wenn am Ziel vielleicht sogar ein „guter Erfolg" oder gar eine Auszeichnung winkten?

Es waren bange Tage, bis die korrigierten Arbeiten die Kommission passiert hatten und die Ergebnisse verlautbart wurden. Während des diesbezüglichen Telefonats beobachtete ich meine Frau, wie sie mühsam die Fassung bewahrte: „Aber nein, Annerl, der Papa und ich sind überhaupt nicht enttäuscht. Wir freuen uns über deine tollen Noten in Deutsch und Englisch; kein Mensch fragt dich je wieder nach deiner Mathematiknote. Komm schnell heim, ich hab ein schönes Steak für dich."

Als Anna in ihrem neuen Maturadirndl heimkam, schien sie sich bereits erfangen zu haben. „Reingefallen, ich hab einen Zweier!" Während meine Frau in Freudentränen auszubrechen drohte und ich die auf und ab hopsende Anna zu umarmen versuchte, sagte die kleine Sophie, die sich in dieser historischen Stunde als Einzige an die Wette erinnerte, trocken und emotionslos: „Super, Anna. Du weißt eh, wo der Staubsauger steht?"

Jeder Abschied ist ein Neubeginn

Liebe Anna! Weißt du noch, als du klein warst, du bist vielleicht fünf, sechs Jahre alt gewesen, da hast du mich einmal gefragt: „Papa, was heißt eigentlich Lebenszeit?" Und ich habe dir folgendes Bild gezeichnet: „Stell dir ein Haus vor mit vielen Stockwerken und 100 Zimmern. Jedes Jahr machst du eine neue Tür auf und gehst in ein anderes Zimmer."
Vor wenigen Tagen, nach der bestandenen Matura, hast du die letzte Tür einer langen Zimmerflucht zugeschlagen; durch zwölf Räume bist du gegangen, die nicht neben-, sondern übereinander lagen. Viele Stufen musstest du hinaufgehen, bis du endlich im 18. Zimmer angekommen bist: Der weite Blick und der Duft von Freiheit sind der Lohn für deine Anstrengungen und Mühen. In den Zimmern, die hinter dir liegen, hast du alles erlebt: Lachen und Weinen, Mut und Angst, Siege und Niederlagen, Liebe und Streit, Trauer und Freude, Bangen und Hoffen, Enttäuschungen und kleine Triumphe.
Jeder Raum hatte eine andere Tapete, die meisten – Gott sei Dank – in schönen, kräftigen Farbtönen.
Die ersten Stufen hast du noch so unbeschwert, so leicht und froh genommen, der Zaubermantel deiner Kindheit hat dich hinaufgetragen. Ich kann mich noch gut erinnern, wenn du strahlend aus der Volksschule nach Hause gekommen bist und begeistert erzählt hast, was du alles Neues gelernt hast. Und wie konntest

du dich freuen über einen Sonnenstempel, den dir deine von dir so geliebte Lehrerin oft in deine schönen Hefte gedrückt hat. Mit welcher Begeisterung hast du deine Aufgaben gemacht!
Aber irgendwann hast du diese magische Hülle abgelegt, du bist plötzlich kein Kind mehr gewesen. Die Last des Schulalltags schien dich für kurze Zeit niederzudrücken – und die Angst vor dem Versagen. Du musstest nun alle Kraft aufwenden, für ein paar Stufen nur, aber immerhin.
Mit der dir eigenen Energie hast du deine kleinen Krisen bewältigt und bist gestärkt aus ihnen hervorgegangen. Über die vielen Stufen hinauf bist du geführt und begleitet worden: von deinen Eltern, Geschwistern, Lehrern und Schulfreunden.

Jetzt bist du an einem wichtigen Etappenziel angelangt, wo du etwas Neues erfahren wirst: dass du aus dem Geführtwerden in ein Niemandsland trittst, in dem du den Kompass deines Lebens selber in die Hand nehmen musst.
Liebe Anna, du hast einen schönen, unbeschwerten Sommer vor dir, aber nach dem Sommer gibt es wieder einen Herbst – und mit ihm neue Stufen zu einer (noch) verschlossenen Tür, hinter der das Geheimnis deines Lebens liegt. Du wirst es entschlüsseln, Stufe für Stufe. Folgende Verse von Hermann Hesse möchte ich dir mit auf deine Lebensreise geben:

„Es muss das Herz bei jedem Lebensrufe
Bereit zum Abschied sein und Neubeginne,
Um sich in Tapferkeit und ohne Trauern
In andre, neue Bindungen zu geben.
(…)
Wir sollen heiter Raum und Raum durchschreiten,
An keinem wie an einer Heimat hängen,
Der Weltgeist will nicht fesseln uns und engen,
Er will uns Stuf' um Stufe heben, weiten."

Vespa susurrat – Die Wespe surrt

Jeden Sommer warne ich unsere Kinder: Gebt auf die Wespen Acht, die sind dieses Jahr ganz besonders lästig. Dabei sind sie nur lästig wie immer. Meine Abneigung dieser Insektenspezies gegenüber hat möglicherweise krankhafte Züge und hängt damit zusammen, dass ich panische Angst habe, eines unserer Kinder könnte nach einem Wespenstich in die Mundhöhle ersticken.

Als unsere Buben klein waren, schleckten sie das Eis so, dass nicht nur der Mund, sondern auch ihre Hände pickig und ihre T-Shirts bekleckert waren. Immer bildete ich mir ein, dass Horden von Wespen über sie herfallen würden. Aber nichts dergleichen geschah. Hin und wieder kam eine Wespe geflogen, die ich mit wildem beidhändigem Fuchteln zu verscheuchen suchte – was meist die Sache nur schlimmer machte. Heute sind meine Söhne (bis auf den kleinsten) kräftige junge Männer, aber ich fuchtle immer noch.

Die Wespe hat, glaube ich, nicht viele Freunde. Es gibt Vereinigungen, die sich für das Leben der Seehunde, Wale und Gebirgsgämsen einsetzen. Aber einen Verein der Wespenliebhaber gibt es meines Wissens nicht. Dabei sind sie schöne Tiere, und eine Wespentaille zu haben, gilt immer noch als ein Schönheitsideal. Ich weiß auch, dass Wespen für das biologische Gleichgewicht unumgänglich sind, aber wenn sie um unsere kleine Liegenschaft in Zukunft einen großen Bogen machten, würden sie mir nicht fehlen.

Und ich müsste sie nicht mehr jagen. Meine Methoden, sie zur Strecke zu bringen, sind grausam und pädagogisch bedenklich. (Und ich bewundere ehrlich alle Menschen, die sich in stoischer Ruhe von den uneinsichtigen, lästigen und aggressiven Insekten umschwirren lassen.)

Ich schütte Bier in ein Glas und warte auf meine Feinde. Es dauert nicht lange und das erste Tier fliegt hinein. Blitzschnell decke ich das Glas mit einem Bierdeckel ab und schüttle es.

Die andere Methode: Ich beschmiere ein Brot mit Erdbeermarmelade. Die Wespen stürzen sich durchaus nicht nur auf die selbst eingekochte familiäre Traditionsmarmelade, sondern genauso auf das industrielle Massenprodukt. In wilder Gier wälzen sie sich in der klebrigen Masse. Meine Feldzüge gegen die Wespen führe ich übrigens meist im Geheimen durch, da meine jüngste Tochter als große Tierliebhaberin allen Lebewesen Respekt zollt.

Als unlängst ein zum süßen Marmeladetod entschlossenes Wespengeschwader heransurrte, fiel mir aus den Urzeiten der Gymnasial-Taferlklasse der ganz schlichte Satz aus dem ersten Latein-Übungsbuch ein: „Vespa susurrat" – die Wespe surrt. Vermutlich war dieser Satz ausgewählt worden, um zu demonstrieren, wie einfach Latein ist. Einen anderen Zweck kann man mit dieser Mitteilung nicht beabsichtigt haben, weil mir in acht Lateinjahren nie mehr das Wort „susurrare" (surren) untergekommen ist.

Aber nun ergriffen mich Rührung und Dankbarkeit: Wie oft kommt es schon vor, dass man die Richtigkeit eines Satzes im späteren Leben erfährt, den man in früher Jugend lernen musste? Vespa susurrat – die Wespe surrt.

Bibo, bibis, bibere, bibsi

Bildungsexperten weisen oft resignierend darauf hin, dass das österreichische Schulsystem seit den Zeiten Maria Theresias gleich geblieben sei. Das ist natürlich so nicht richtig. Als kleiner Beleg, wie sich die Sitten – nicht nur in der Schule – geändert haben, sei eine Anekdote angeführt, die sich in der Klasse meines Vaters (Jahrgang 1907) ereignet und die er uns Kindern gern erzählt hat.

„Was heißt: ich trinke? Na also – in Gottes Namen: Pirkowitsch!" – „Ich trinke heißt ... ich trinke ... bibo!" – „Na, großartig, hat sogar der Pirkowitsch einmal etwas gewusst. Und die Formen?" – „Bibo, bibis, bibere, bi – bi – bibsi!"

„Bibsi!", sank der Professor wie vom Pfeil dieser Fehlform durchbohrt in den damals noch hoch auf dem Katheder thronenden „Lehrstuhl" zurück. Und dann, nach einer Weile, tonlos, mit verstörtem Kopfschütteln: „Bibsi!"

Über der Klasse lastete die grässliche Fehlform wie ein Alb. „Pirkowitsch!", donnerte nun der Professor und schleuderte dem Angeklagten mit antiker Wucht die Verbalformen ins Gesicht: „Bibo, bibis, bibere, bibi! Ich wiederhole: bi-bi! – Bibsi! Bibsi!", äffte er outrierend den Unglückseligen nach. Und dann in jähem Entschluss: „Ich lasse jemanden von Ihren Herren Eltern bitten, in meine Sprechstunde zu kommen."

Anderntags suchte der Vater des Unglücksraben die Schule auf. „Herr Kommerzialrat Pirkowitsch, Ihr Sohn hat ..." Der Professor sagte es in der Sprechstunde in einem Ton, als wollte er ausdrücken: Fassen Sie sich, ertragen Sie es als ein Mann, der in der Wirtschaft steht, in Ruhe. „Herr Kommerzialrat, Ihr Sohn hat letzthin eine falsche Verbalform geprägt, eine Form, er hat ..." (man merkt es dem Professor an, wie viel Überwindung es ihn kostet, so einen Wechselbalg von Perfekt über die Lippen zu bringen) „... er hat ‚bibsi' gesagt."

Der Herr Kommerzialrat weiß zwar im Augenblick nicht, ob das Latein oder Griechisch ist, vielleicht überhaupt was aus der Geschichte oder ein Ding, das Lackmuspapier bald so und bald so zu färben vermag, aber dass dieses „bibsi" etwas Furchtbares

sein muss, erkennt er und murmelt deshalb verstört: „Bibsi – entsetzlich!"
Die Männer schweigen. Endlich ermannt sich der Kommerzialrat: „Ich werde das dem Lausbuben schon austreiben, verlassen Sie sich darauf, Herr Professor, und ich bin Ihnen im Übrigen sehr dankbar für Ihre gefällige Aufmerksammachung."
Der Professor zuckt schmerzlich unter dem zwar merkantilen, aber nicht eben schönen Deutsch zusammen.
Zu Mittag stürzt der Kommerzialrat in das Kinderzimmer: „Na, was ich heute von dir gehört habe. Schön führst du dich ja auf! Stolz kann ich auf meinen Herrn Sohn sein! Die ganze Klasse unterhält er mit seinen dummen Antworten. Du, wart nur, ich werde dir schon noch das bibsi austreiben!"
O tempora, o mores! Glückliche Lehrer, die einen Vater in die Sprechstunde bestellen konnten wegen einer falschen Zeitwortform. Heutzutage werden die Pädagogen mit ganz anderem verbalem Unflat konfrontiert. Aber eine solche Geschichte ist wirklich nicht druckreif.

Auf die Lehrer kommt es an

Kürzlich traf ich einen ehemaligen Schüler, nun erfolgreichen Computerfachmann und Vater von drei Töchtern. Zwei besuchen ein Gymnasium, die dritte hat in einer Woche ihren ersten Schultag.
Was er sich für seine Nachzüglerin von der Schule erwarte? „Dass sie Freundinnen findet und gute Lehrer bekommt", antwortet er, ohne lange nachzudenken. „Auf die Lehrer kommt es an."
Als Schüler hat er viele Reformen mitgemacht. „Ich kann mich noch an das Sprachlabor erinnern. Jeder Schülerplatz war mit einem Kopfhörer und einem Mikrofon ausgestattet und mit zwei, drei Knöpfen zum Herumdrücken. Der Lehrer war mit allen Schülern verbunden und sollte Aussprachefehler korrigieren. Leider waren die Kojen oft falsch verkabelt. Manchmal hatte unsere Professorin die Stimmen aller im Ohr, dann wieder keine."

In der Oberstufe bekam mein Gesprächspartner einen neuen Englischlehrer: „Er ist nie ins Sprachlabor gegangen, hat bei keinem Projekt mitgemacht, offenes Lernen gab es bei ihm nicht. Auf die neuen Medien hat er aus Prinzip verzichtet und ist ganz altmodisch vor uns gesessen, mit dem Lehrbuch in der Hand. Er war eine Autorität – streng, aber gerecht. Und vor allem: Er war fachlich großartig. Mein Englisch lebt heute noch von seinem Unterricht."

Lange schon gibt es an den Schulen keine Sprachlabors mehr, dafür hört man immer wieder die Forderung, dass für jeden Schüler ein Computer zur Verfügung zu stehen habe. Was sagt der Computerfachmann dazu? „Bitte nicht! Kinder lernen die Benützung eines Computers mit derselben Selbstverständlichkeit wie die eines Handys. Von meinen beiden älteren Töchtern höre ich nur, wie langsam die PCs im EDV-Saal sind, die Schule solle sich doch schnellere anschaffen. Wenn ich meinen Kindern zusehe, wie sie mit den neuen Technologien umgehen, dann denke ich mir: Muss in der Schule wirklich wertvolle Zeit vergeudet werden, um zu lernen, wie man im Internet Informationen sucht? Lieber wäre mir, wenn sie mehr lesen würden und sich besser auszudrücken und leserlicher zu schreiben lernten."
Und zum Abschluss sagt er noch: „Am wichtigsten ist mir, dass ein Lehrer meine Kinder so annimmt, wie sie sind. Er soll sie nicht entmutigen, sondern ermutigen. Lehrer können viel erreichen, aber auch viel kaputtmachen."
Und nach einer kurzen Pause fügt er hinzu: „Aber sie können Kindern kein Frühstück machen und keine Jause mitgeben und sie am Abend rechtzeitig ins Bett schicken. Dafür sind immer noch Eltern zuständig. Die Schule kann keine unglücklichen Familien glücklich machen und eine verlorene Kindheit nicht zurückholen."
Alle einschlägigen Studien weisen nach, dass die ersten vier Lebensjahre für die Entwicklung eines Menschen entscheidend sind – wie liebevoll Eltern für ihre Kinder sorgen, wie sie mit ihnen reden und spielen, wie sie zuhören, ob und was sie vorlesen. Wenn Kinder in die erste Klasse kommen, können sie unterschiedlicher kaum sein. Die Schule kann die Unterschiede bestenfalls ein wenig abmildern. Mehr kann sie nicht.

Mut zum Nichtstun

„Der Keller steht unter Wasser!"

Der Zufall wollte es, dass jüngst meine Frau mit ihrem Vater auf einer Studienfahrt in Galizien, ich mit einem Teil unserer jüngeren Kinder auf einem Tenniscamp in Kroatien, Donatien auf einem mehrtägigen Trommelworkshop in der Oststeiermark und Jakob auf einem Trainingslager seiner Fußballmannschaft in Gnas war. Unser Haushalt oblag also der nur bedingt zuverlässigen Restbesetzung.
Nun halten wir Eltern uns ja beileibe nicht (mehr) für unentbehrlich, doch gibt es einige wenige tägliche Verrichtungen, deren Vernachlässigung weit reichende Folgen zeitigt.
Der Grat, den Nachwuchs an eben diese Verrichtungen so taktvoll zu erinnern, wie das per SMS nur möglich ist, und ihn infolge des gerade dadurch dokumentierten latenten Misstrauens nachhaltig zu vergrämen, ist ein schmaler.
Trotzdem riskierte meine liebe Frau, unsere großen Knaben mehrmals täglich auf die wesentlichsten Pflichten im Haus hinzuweisen. So etwa gegen 14 Uhr: „Guten Morgen! Bitte vergesst nicht auf das Überlaufwasser aus dem Heißwasserboiler! Bitte Hund und Katze füttern, Hund auch regelmäßig entwässern!" – Gegen 19 Uhr: „Falls ihr es noch nicht getan habt: Bitte Überlaufwasser ausleeren! Was machen Hund und Katze? Bitte den Herd wieder ausschalten, nachdem ihr die vorgekochten Vorräte aufgewärmt habt!" – Kurz nach Mitternacht: „Gute Nacht! Ich hoffe, Überlaufwasser, Hund und Katze sind versorgt!"
Am zweiten Tag war es ihnen offensichtlich zu viel. Jedenfalls fand Astrid, während sie das altphilologische Institut der ehrwürdigen k & k-Universität in Lemberg besuchte, ein aussagekräftiges SMS auf ihrem für Notfälle rund um die Uhr aktivierten

Handy vor: „Uns geht es sehr gut! Wir schmeißen den Laden um nix schlechter als du. P.S. Das Überlaufwasser kömma leider net ausleeren, weil da Keller unter Wasser steht."
Meine Frau, die sich im Lauf der vergangenen Jahre durch diese und andere einschlägige Scherze ein geradezu stählernes Nervenkostüm zugelegt hat, wies unverbindlich darauf hin, die Söhne mögen bedenken, dass die Situation bedrohlich werden könne, wenn der Wasserpegel den Sicherungskasten im Halbstock erreicht hätte. Jedenfalls sollten sie die Haustiere, Simba, die Katze, und Happy, den Hund, sowie deren Futter beizeiten evakuieren und selbst Schwimmwesten anlegen, bevor sie zu Bett gehen.

Das Antwort-SMS kam postwendend (auch dieses Zitat in Original-Orthographie): „Danke für die Fürsorge! Wenigstens geht's uns und dem Simba gut. Wir haben ihm vorgeschlagen, dass er die Happy fressen soll. Er is jez jedenfalls satt, da Happy geht's demnach eher weniger … Zwecks Überlaufwasser: Sooo bled samma a wieda net. Wir haben die Kellerfenster aufgmacht, also kanns jez net weiter steign. Außerdem brauch ma so net die Blumen gießen. Wir freuen uns auf dich, Benedikt und Klemens."
Ich werde oft gefragt, welche Tugenden im Zusammenleben mit Kindern unverzichtbar seien – Liebe, Geduld, Verständnis, Gelassenheit? Ich denke: alle, und dazu eine große Portion Humor …

Mama ist mysophob

Selbst jetzt, da unser Ältester für ein Jahr in den USA arbeitet, sind wir immer noch eine zehnköpfige Familie, für die es zu kochen, waschen und räumen gilt. (Dass diese Zahl zwischen Freitag Mittag und Sonntag Abend bzw. anlässlich zahlreicher Feiern und Feste sich dank vieler Verwandter und Freunde zeitweise nahezu verdoppelt, sei nur am Rande erwähnt.)
Im Kontext eines Haushalts dieser Größenordnung trifft es sich gut, dass meine liebe Frau ein außergewöhnlich ordentlicher und konsequenter Mensch ist. Nie lässt sie es zu, dass sich Berge von Schmutzwäsche türmen, Partytische tagelang das Wohnzimmer verstellen, nasse Badesachen bis zum nächsten Schönwettereinbruch vor sich hin schimmeln.
Wären wir ein kinderloses Ehepaar, hätten wir gewiss eine tadellos instand gehaltene Wohnung mit einem Balkon, mit dem wir

zuversichtlich zu jedem Blumenschmuckwettbewerb antreten könnten.
So aber steht Astrids Ordnungsliebe in krassem Widerspruch zur unbeschwert-fröhlichen Schlamperei der überwiegenden Mehrheit unserer Kinder. Solange sich deren Chaos auf ihr eigenes Zimmer beschränkt, gibt es klare Regeln: Bis zur Matura muss der Standard der täglichen mütterlichen Kontrolle standhalten, danach wird sie lediglich in halbjährlichem Rhythmus notdürftig hergestellt: zum Muttertag im Mai und zu Mamas Geburtstag im Dezember. Zwischenzeitliche außertourliche Räumaktionen haben ein jeweils klar definiertes Ziel wie das Auffinden des dringend benötigten Reisepasses bzw. der gelben Badeshorts mit den blauen Palmen.

Konfliktträchtig wird die divergierende Einstellung zur häuslichen Ordnung, sobald Gemeinschaftsräume betroffen sind. So finde selbst ich, der ich auf Grund meiner eigenen doch ein wenig chaotischen Veranlagung recht tolerant bin, es nicht wirklich amüsant, wenn ich morgens in die von mir am Vorabend piccobello zusammengeräumte Küche komme, um das Frühstück für unsere Schulkinder zu richten, und dort vor den Resten des kreativen Mitternachtsdinners unserer Studenten stehe.

Nun gönnen unsere Kinder ihrer Mutter durchaus ihre eigenwillige Freizeitgestaltung, auch wenn sie es nicht wirklich schätzen, am Samstag vom Geräusch des Staubsaugers geweckt zu werden.

Den Nagel auf den Kopf getroffen hat in diesem Punkt unsere Tochter Anna. Als sie unlängst mit ihrem Skriptum im Speisezimmer saß, rief sie plötzlich, von ihrer Erkenntnis getroffen wie weiland Isaac Newton von dem Apfel, dem er die Entdeckung der Schwerkraft verdanken sollte:

„Du, Mama, jetzt ist mir klar, was mit dir los ist! Wir machen nämlich grad das Kapitel Zwangsstörungen, Zwangskrankheiten und Zwangsneurosen durch. Hör einmal, was da in meinem Psychologiebuch steht: ‚Die krankhafte und übersteigerte Angst vor Kontakt mit Schmutz bezeichnet man als Mysophobie. Die Angst kann sich auf real existierende Verunreinigungen beziehen, aber auch ausschließlich in der Fantasie der Betroffenen existieren. Die Folge ist ein extremer Putzzwang. Dabei sind die meisten Betroffenen gar nicht als Zwangskranke erkennbar, fallen lange nicht einmal im engeren Freundeskreis auf, und das, obwohl diese Störung eine unheilvolle Konsequenz hat …“

„SOPHIE, DIE POST!"

Immer weniger Kinder kennen das Gefühl, mit ihren Geschwistern teilen zu müssen; das Spielzeug, das Essen und vor allem die Zeit, die ihre Eltern mit ihnen verbringen. Sie wachsen allein auf, als Einzelkinder.

Viele von ihnen sind nicht unglücklich, dass sie auf Bruder und Schwester verzichten müssen. Alles dreht sich um sie, das ungeteilte Interesse gehört ihnen. Dabei können sie doch eine wichtige Erfahrung nicht machen: das Streiten mit den Geschwistern. In unserer Familie gibt es eine ganz klare Hierarchie: Die Älteren, Meister des Delegierens, schaffen an, die Jüngeren spuren (meistens). Ein Beispiel: Sage ich zu Klemens (19): „Kannst du bitte die Post aus dem Briefkasten holen", ruft er seinen vierzehnjährigen Bruder: „Jakob, der Papa braucht die Post!" Worauf dieser seine Schwester schickt: „Sophie, die Post!"

Wenn die Kleinen mit den Großen mitspielen wollen, gibt es ganz klare Regeln, an die sie sich zu halten haben. Tun sie es nicht, müssen sie zuschauen.

Natürlich kommt es manchmal vor, dass Sophie und Jakob unter ihren älteren Brüdern leiden, weil diese so tun, als ob sie alles besser könnten, und glauben, sich alles erlauben zu dürfen. Wenn Klemens seinen IPod im wüsten Chaos seines Zimmers wieder einmal nicht findet,

„borgt“ er sich gern den seiner kleinen Schwester aus, ohne vorher um Erlaubnis gefragt zu haben. Wehe, die Kleinen nehmen sich das heraus. Dann gibt es eine verbale Abreibung, die sich gewaschen hat.

In der Regel freilich bewundern die Jüngeren ihre großen Geschwister. Niemals würden sie sie bei den Eltern „verschirgen“ – was für uns den angenehmen Effekt hat, dass wir uns aus den Streitereien heraushalten können. Denn in den allermeisten Fällen ist die Schuldfrage ohnehin nicht zu klären: „Er hat angefangen, aber sie hat mir gestern das Pickerlheft weggenommen, ja, aber weil er mir vorige Woche mein Handy versteckt hat ...“

Besonders ungerecht empfinden die Großen die Tatsache, dass Eltern prinzipiell auf Seiten der Kleinen sind und ihnen, ihrer Meinung nach, alles durchgehen lassen, was ihnen noch verboten war.

Anna, die im Herbst ihren Maturaball feiert, befindet sich in einer Zwickmühle: Vor zwei Jahren, als Klemens in der 8. Klasse war und Jakob gern auf seinen Ball gegangen wäre, war sie vehement dagegen: „Ich hab auf Tonys Ball auch nicht dürfen.“ Heuer wünscht sie sich, dass alle Familienmitglieder ihre Polonaise sehen, auch ihre kleine Schwester. Ganz abgesehen davon, dass ich dagegen bin – was macht schon eine Zwölfjährige auf einem Ball? – bekomme ich Unterstützung von Jakob: „Ich würd' das wirklich nicht einsehen, wenn sie dürfte ...“

Auch wenn Brüder oder Schwestern noch so nerven können, ist es doch schön, sie zu haben. Wenn es drauf ankommt, halten sie ganz fest zusammen oder trösten einander. Und wenn einmal ein Bruder nicht im Haus ist, weil er einen Schikurs oder ein Auslandssemester hat, merken die anderen schnell, wie sehr er fehlt. Wenigstens zum Streiten.

Mut zum Nichtstun

Unsere Zeit wird von einem Kapitalismus diktiert, der keinen Stein auf dem anderen lässt. Sein Gesetz heißt Beschleunigung. Prall gefüllte Terminkalender, enge Zeitpläne und lange Listen mit zu erledigenden Dingen – oft bleibt keine Sekunde zum Verschnaufen.

Zeit zu haben ist eine Tugend, die aus der Mode gekommen ist. Es gehört beinahe zum guten Ton, nervös, gestresst und immer produktiv zu sein. Unser Tag ist oft bis auf die Minute genau eingeteilt. Jedenfalls bilden wir uns das gern ein, weil es unser Gefühl für die eigene Wichtigkeit hebt.

Irgendwie sind wir alle verkrampft, wir Aktivisten. Denn wir haben die schöne Fähigkeit des Warten- und Zusehenkönnens verlernt. Die Gelassenheit, einfach die Dinge laufen zu lassen. Den Mut zum Nichtstun. (Zugegeben, der Existenzkampf ist hart, aber ab und zu dem Nutzlosen Raum zu gewähren, kann gut tun.)

Das Handy ist zum Symbol unserer Zeit geworden: Immer und überall erreichbar sein, um nur ja nichts zu versäumen. Meine großen Söhne sind anders. Sie haben ihr eigenes Lebenstempo und sind am Handy – für ihre Eltern – selten erreichbar. Sooft meine Frau sie z. B. bitten will, mit Happy Gassi zu gehen, ist ihr Handy abgeschaltet oder nur die Mobilbox aktiviert oder der Akku leer.

Meine großen Söhne (und viele ihrer Freunde) haben sich die beneidenswerte Fähigkeit bewahrt, ruhig dazusitzen (lieber noch dazuliegen) und nichts zu tun, als die Zeit verrinnen zu lassen und zu fühlen, dass sie verrinnt. Nichts als einfach zu sein.

Ich nehme Klemens, mein fünftgeborenes Kind, als Beispiel. Wenn ich zu Mittag oder am frühen Nachmittag nach Hause komme, finde ich ihn sehr oft in seinem Bett vor. Liegend. Ob er schläft oder nur ruht, ist auf den ersten Blick nicht auszumachen. Vielleicht denkt er über die Welt nach, wie kompliziert alles geworden ist. Vielleicht geht er aber auch noch einmal die entscheidenden Szenen im Oberliga-Spiel Lannach gegen Frauental durch. Ich weiß es nicht. Gewiss ist nur: Er tut nichts.

Nun muss ich zu seiner Verteidigung anführen, dass er bis Ende März seinen Präsenzdienst ordnungsgemäß absolviert hat und erst im Herbst mit dem Studium beginnen kann/will.

Die Monate beim Bundesheer erlebte er als durchaus freundliche und stressfreie Tage, die von vielen Ruhephasen aufgelockert wurden. Nur der Dienstbeginn um 6 Uhr 45 war unmenschlich früh – die fehlenden Morgenstunden im Winter scheint er nun unter kuscheliger Bettdecke im Sommer nachzuholen. Irgendwie verständlich – dennoch musste ich immer ein wenig an mich halten, um ihn nicht aus seiner horizontalen in eine vertikale Lage hochzuziehen.

Bis ich letzten Samstag im Feuilletonteil der „Presse“ das Interview mit Rüdiger Safranski las, einem bedeutenden Philosophen, der für Entschleunigung plädierte und erklärte, dass wir Ruhetage brauchten.

Ich musste sofort an meinen Sohn denken, nicht ohne Stolz: Er hatte, ohne Safranski und seine Thesen zu kennen, längst die Zeit der Entschleunigung und der Ruhe für sich entdeckt.

Was Hänschen nicht lernt …

Jahrelang verschlang meine Frau in diversen Elternzeitschriften die neuesten Erkenntnisse über die sich periodisch wiederholenden Themen: Hilfe, mein Baby schläft nicht ein/durch! – Schmackhafte Rezepte für gesunden Gemüsebrei – Mit Konsequenz durch die Trotzphase – Wir basteln eine Schultüte – Der Storch hat ausgedient: Aufklärung heute usw. usf.

Nun, da auch unsere Jüngste schon im Gymnasium ist, wird Astrid nur mehr selten rückfällig. Dennoch gab sie mir vor kurzem mit bedeutungsschwangerem Blick einen einschlägigen Artikel zu lesen: „Der Vater als Vorbild: Was Hänschen nicht lernt, lernt Hans nimmermehr".

Ich täuschte gedämpftes Interesse vor, das sich jedoch rasch verflüchtigte, als ich in den ersten Zeilen das sattsam bekannte Bonmot las: Was nützt die beste Erziehung – die Kinder machen uns ja doch alles nach.

Ich schlug die Zeitung zu und ging in mich. Mein Gewissen war relativ rein. Niemals gebrauche Ich Kraftausdrücke – nicht einmal hinter dem Volant. Niemals lasse ich mich am Telefon verleugnen, auch wenn mir gerade ganz und gar nicht nach einem Gespräch mit dem Anrufer der Sinn steht. (Einem lieben Studienkollegen sitzt heute noch der Schreck über die Szene in den Knochen, als er im Nebenzimmer seinen 4-jährigen Sohn mit seinem unschuldigen Kinderstimmchen auftragsgemäß sagen hörte: „Mein Papa hat gesagt, ich soll sagen, er ist nicht da.") Ich räume den Geschirrspüler aus, schraube die Zahnpastatube zu und behandle meine Frau ritterlich.

All das hat meine großen Söhne noch nie zur Nachahmung animiert. Wenn sie z. B. nach einer fröhlichen Jause in der Küche die unliebsame Entdeckung machen, dass sie ihre Teller nicht in den Geschirrspüler stellen können, weil dieser vorher auszuräumen wäre, verlassen sie wie kleine Anti-Heinzelmännchen schleunigst den Schauplatz. Fahre ich mit den Wochenendeinkäufen vor, überfällt sie auf der Stelle bohrender Kopfschmerz oder mindestens ein zeitlich beliebig dehnbares menschliches Rühren.

Trotzdem kann ich nicht sagen, dass ich ihnen nicht in einigen Punkten doch ein Vorbild wäre: Die Unordnung auf unseren Schreibtischen ähnelt einander frappant. Und wie ich im Chaos auf der Tischplatte keinen Notizzettel mehr unterbringe, ziehen auch sie sich vagabundierend mit ihren Büchern, Skripten und Laptops in eines der Betten oder den Garten zurück.

Sie teilen meine Abneigung gegen Tabak, meine Liebe zum Fußballsport sowie mein unaufgeregtes Verhältnis zu Autos.

Und als ich Astrid einmal bezüglich des leidigen Themas ihrer schleppenden Mithilfe im Haushalt in Erinnerung rief, dass auch ich meiner armen Mutter seinerzeit höchst unmotiviert zur Hand gegangen war, gewannen wir eine gemeinsame Erkenntnis, die ich so noch in keiner Elternzeitschrift gelesen habe: Der Vater ist seinen Söhnen nicht Vorbild darin, wie sie ihre Mutter, sondern wie sie ihre Partnerin behandeln sollten.

Wenn das stimmt, so meint meine Frau, hat meine Erziehung wenigstens unseren Schwiegertochtern etwas gebracht.

Eine orange Boje im Kinderzimmer

Bis vor kurzem glaubte ich, dass das Zusammenleben mit Töch tern einfacher sei als mit Söhnen. Seit Anna 15 ist, bin ich mir nicht mehr so sicher.

Dominik, unser Ältester, setzte unauslöschliche Glanzlichter, wenn es darum ging, sein Zimmer zu verwüsten. Anna jedoch ist auf dem besten Weg dazu, es ihm gleich zu tun.

Ich schätze ihren Einfallsreichtum, manchmal geht er mir allerdings eine Spur zu weit. So fand sie heuer am Strand eine ziemlich sperrige, orange Boje, so groß wie eine Wasch-

maschine, schleppte sie in unser Feriendomizil und erklärte mir unmissverständlich: „Die nehm' ich mit nach Hause, die hat Style." Meinen Einwand, der Kofferraum sei zum Bersten voll und der Bus ohnehin überladen, tat sie lässig ab: „Ich halt sie eh auf meinem Schoß..."
Seit diesem Sommer baumelt also von der Decke ihres Zimmers – neben einem halben Dutzend Rucksäcken – eine orange Boje. Auf ihrem Schreibtisch liegt ihr Laptop, auf ihm das aufgeschlagene Latein-Vokabelheft, darin eine angebissene Käsesemmel, ein Kaugummi und der Stängel eines Jolly-Eises. Den Laptop hat sie zum Geburtstag bekommen. Für ein Auslandssemester in Frankreich. Astrid hatte reizende Gasteltern gefunden, wir alle freuten uns für Anna. Anfangs auch sie. Plötzlich freute sie sich nicht mehr. Sie könne sich ein Leben ohne ihre Freundinnen (auch nur für ein halbes Jahr) unmöglich vorstellen, vor allem ihre Hip-Hop-Gruppe würde ihr „total fehlen". Meine Frau musste schweren Herzens absagen.

Inzwischen hat Anna ganz spontan mit Hip-Hop aufgehört und mit Fußball in einer Damenmannschaft begonnen.

Am liebsten liegt sie auf dem Boden und hört Musik mit ihrem silbernen iPod. Ich weiß nicht, wie viele Lieder sie gespeichert hat, aber möglich wären 5000. (Wie lange braucht man eigentlich, um die alle zu hören?)
Nichts trifft Anna mehr, als wenn ihr iPod unter einem Berg von gewaschener und schmutziger Wäsche unauffindbar ist oder ein Bruder ihn sich ohne zu fragen ausgeborgt hat. Letztens schien auf ihrem Display „No music" auf, weil sie versehentlich einen falschen Knopf gedrückt hatte. Eine Katastrophe! „Weißt du überhaupt, wie lange ich brauche, um alle Lieder wieder gespeichert zu haben?"
Auch zu ihrem Handy hat sie eine ungewöhnlich starke emotionale Bindung.
Ihr Kleiderberg wächst immer noch, weil sie shoppen „voll cool" findet. Am liebsten kauft sie Tops mit Spaghettiträgern im Ausverkauf, die sie auch noch bei Minusgraden ohne Pullover trägt, oder Flip-Flops. Man kann in ihrem Kleiderhaufen aber auch andere Dinge finden: einen Schraubenzieher, eine Taschenlampe oder ein Tortenmesser.
Ihre Mutter, finde ich, ist wirklich zu verstehen, wenn sie beim Anblickt zweier hübscher geblümter Blusen, die unter dem Bett vergammeln, den für Jugendliche brutalsten Erziehungsklassiker bemüht: „Räum endlich deinen Saustall auf!" Anna holt angewidert die beiden Blusen, in denen sich eine Spinnenfamilie eingenistet hat, und schreit: „Die zieh ich nie wieder an, die sind nur noch peinlich."
Letztens sah ich sie, im Bett liegend, in einer Hand ein riesiges Nutella-Glas, in der anderen ihr Französischbuch. „So kann ich viel besser lernen", lachte sie und tauchte ihren Löffel genüsslich in die Schokolade …

Der Mond ist wieder zu sehen

Wer längere Zeit im Ausland verbringt, erweitert seinen Horizont. Er perfektioniert eine Fremdsprache, lernt ein fremdes Land, eine andere Kultur, neue Menschen kennen. Er wird weltoffener und reifer nach Hause zurückkehren, vielleicht auch dank seiner Erfahrungen manches daheim mit anderen Augen sehen.
Und einer wird wohl bei seinem Weihnachtsurlaub seine alte Behausung nicht wiedererkennen, nämlich mein Sohn Benedikt, der sich mittels eines Erasmusstipendiums für ein Jahr in Valencia (unter anderem) dem internationalen Völkerrecht verschrieben hat.
Im ebenerdig gelegenen Zimmer hatte Astrid vor vielen Jahren unseren damals vier Kindern, die sich auf der großen Couch aneinanderkuschelten, die Geschichten von den Geggis und vom kleinen Lumpenkasperle vorgelesen.
Es war unser ansonsten so nüchterner Benedikt, der in einem seltenen Anflug einer romantischen Stimmung den Raum „Mondzimmer" taufte, weil er von seinem Platz aus durch das Fenster den besten Blick zwischen den Bäumen auf den Mond hatte.
Sobald er mit 16 Jahren das Mondzimmer allein bezog, gelang es ihm in kurzer Zeit, diesem seinen innenarchitektonischen Stempel aufzudrücken. (Meine Frau würde in diesem Zusammenhang wesentlich griffiger formulieren: Innerhalb einer Woche hatte Benedikt sein neues Zimmer total versaut.)
Bis zur Matura bestand die höchst labile Vereinbarung, dass die Wohnhöhle am Freitag zwecks Wochenendsanierung durch meine Frau begehbar zu machen sei.
Während seines Präsenzdienstes ermöglichte seine Heimschläfergenehmigung dem jungen Sanitäter die weitere Ausgestal-

tung seiner Räumlichkeit. Er entfernte die Vorhänge, um beim Einschlafen den Mond besser zu sehen, dübelte Blechschilder mit Bierreklamen an die Wände und positionierte ein voluminöses Gerät zum Bauchmuskeltraining in der Mitte des Zimmers.

Längst hatte meine Frau resigniert und sich damit abgefunden, dass sich unsere Söhne offenbar in einem derartigen Biotop wohler fühlen als in einer herkömmlichen Wohnumgebung.

Wie es ihm der große Bruder mehrfach vorgemacht hatte, packte auch Benedikt ohne übertriebene Akribie seine Siebensachen für die ersten fünf Monate in der Fremde. Wichtig waren ihm vor allem sein weißer Strohhut, orange Hawai-Badeshorts sowie seine graue Strickjacke, die problemlos in einem handlichen Trolley Platz fanden.

Sobald ihre Abschiedstränen einigermaßen versiegt waren, blies Astrid fröhlich zum Halali auf Spinnweben, Ameisen und Staublurche.

Schon nach drei Stunden stieß meine Frau auf das Laptopkabel, dessen Nachsendung Benedikt schon vom Madrider Flughafen aus heftig reklamiert hatte.

Als unser Sohn im fernen Valencia seine Studentenwohnung bezog, um sie möglichst im Zeitraffer nach seinen höchst persönlichen Vorstellungen umzugestalten, schraubte seine Mutter

die Dübel aus den Wänden, um sie zu verspachteln und frisch auszumalen.
Als Benedikt sich erstmals an der Costa Brava aalte, arbeitete sich Astrid energisch bis zum Fenster vor.
Und während er sich mit seinem Bruder Klemens telefonisch über dessen erstes Meisterschaftstor unterhielt, saß meine Frau in nostalgischer Stimmung auf seinem frisch bezogenen Bett und schaute versonnen zum Fenster hinaus. Jetzt kann man dort nämlich wieder den Mond sehen.

Derf i des Hunderl a bissl streicheln?

„Sei nicht mehr bös auf mich!"

Seit zwei Tiere mit uns zusammenleben, gibt es in unserer Familie zwei Lager: Das eine bevorzugt die Katze (Simba), das andere den Hund (Happy).
Die Katzenpartei hat mehr Mitglieder und in Anna, meiner sechzehnjährigen Tochter, eine wortgewaltige Vorsitzende. Sie mag Simba, unseren schwarzen Kater, wie ich glaube, vor allem aus pragmatischen Gründen: Sie muss z. B. mit ihm nicht Gassi gehen, was sie nur ungern tut. Lieber liegt sie im Garten und hört mit ihrem pinkfarbenen iPod, auf dem sie 2700 Songs gespeichert hat, Musik.
„Weißt, wie lästig das ist, wenn ich einmal in Ruhe daliegen kann, weil ich nicht irgendetwas helfen muss, und dann kommt die Happy und schleckt mich ab? Das zipft mich echt an."
Ihr imponiert auch, dass Katzen Einzelgänger sind und sich nicht dressieren lassen.
„Papa, ist dir eigentlich aufgefallen, dass der Simba sich immer zurückzieht, wenn die Stimmen lauter und schriller und alle ganz hektisch werden? Ich kann ihn sehr gut verstehen."
Meinen vorsichtigen Einwurf, dass Katzen sich an junge, unerfahrene Vögel anschleichen, um dann blitzschnell zuzuschlagen, tut sie unwirsch ab:
„So ist halt die Natur!"
Sie hat nichts dagegen, wenn der Kater zu ihr ins Bett kommt (kann allerdings auch darauf gut verzichten), Happy darf das auf gar keinen Fall:
„Bitte weißt du, wie die stinkt. Das ist voll grindig."
Die größten Fans unserer kleinen Hündin sind Sophie und ich. Bin ich für ein paar Stunden weg, begrüßt mich der Kater nur,

wenn er hungrig ist. Dann streift er schnurrend um meine Beine. Ist er satt, nimmt er mich gar nicht zur Kenntnis.
Und die Happy? Sie scheint vor lauter Wiedersehensfreude zu bersten: Sie springt hoch, rollt sich vor meine Füße, auf den Rücken, umtanzt mich, und ihr Blick signalisiert mir: Wo warst du denn so lange? Endlich bist du wieder da!
Die kleine Hündin liebt ihr Leben in unserer großen Familie. Ganz besonders glücklich ist sie – in diesem Punkt gleicht sie meiner Frau –, wenn alle zu Hause sind.

Beim Spazierengehen rast sie immer zwischen allen Mitgliedern der Familie hin und her, damit keiner den Anschluss verliert.
Natürlich hat Happy auch kleine Schwächen. Zum Beispiel gräbt sie im Garten viele kleine Löcher – „Cairn-Terrier sind", wie mich meine jüngste Tochter unlängst belehrt hat, „Graber." Wenn ich sie auf frischer Tat ertappe und mit lauter Stimme zur Rede stelle, legt sie sich ganz flach auf den Boden, alle Pfoten von sich streckend, und sieht mich an mit einem Blick, der mehr sagt als viele Worte: „Ich weiß, ich hätte nicht graben dürfen. Aber es ist einfach lustig – kapierst du das nicht? Sei nicht mehr bös auf mich!"
Ich versuche Anna klarzumachen, warum mir die kleine Hündin näher ist als der große Kater: „Der Simba schaut mich immer gleich an, unergründlich, gelangweilt und distanziert. Die Happy spricht mit mir, auch wenn sie stumm bleibt."
Meine Tochter sieht mich verständnislos an: „Komm, Papa, was soll das? Eine Katze miaut und ein Hund bellt. Alles andere bildest du dir nur ein."

Dog missing – Hund entlaufen – cane fuggito

Sachkundige Menschen behaupten, Hunde könnten praktisch alles verstehen, was ihre Menschen ihnen sagen. Seit kurzem bin ich davon überzeugt, dass sie Recht haben.
Unsere nun schon dreijährige Cairn-Terrier-Hündin war mit uns in Italien. Obwohl sie jegliches Wasser außerhalb ihres Trinknapfs hasst und Sandstrandspaziergänge kategorisch verweigert, fühlt sie sich in der Toskana gewissermaßen pudelwohl. Ihr Rudel ist auf engstem Raum versammelt, der Garten rund um das

SIND DAS BLINDSCHLEICHEN?
ICH WÜSSTE NICHT MEHR, WO WIR NOCH SUCHEN KÖNNTEN.
W.T.

Haus bietet neue, faszinierende Gerüche und bei Grillabenden fällt der eine oder andere Knochen für sie ab.

Das Idyll war perfekt bis zur Mitte der zweiten Urlaubswoche. Als meine Frau und ich vom morgendlichen Einkauf zurückkamen, war Happy weg. Keines der Kinder hatte sie an diesem Tag gesehen.

So schwärmten wir – mit mulmigem Gefühl, aber anfangs durchaus optimistisch – aus, um in genau definierten Planquadraten nach ihr zu suchen – leider vergeblich. In einer Krisensitzung wurde beschlossen, die Suche professioneller zu gestalten. Die Verwalterin versprach, sämtliche Mieter per SMS von unserem Problem in Kenntnis zu setzen. Flugs wurden auch unter zweckentfremdender Verwendung von Sophies Skizzenblock dreisprachige Plakate hergestellt (Dog missing – Hund entlaufen – Cane fuggito) und am nahen Campingplatz, am Eingang des frequentiertesten Supermarkts und am beliebtesten Eiscafé angeschlagen.

Die allgemeine Stimmung war denkbar gedrückt. Auch ein Anruf bei unserer Tierärztin konnte uns nicht beruhigen. Sie glaube eher nicht, dass ein Hund in gänzlich fremder Umgebung den Weg zurück aus eigener Kraft finden könne, zumal er bei der herrschenden Hitze bald dehydriert wäre. Immerhin sei Happy ja ordnungsgemäß gechipt, sodass ein ehrlicher Finder sich wohl umgehend mit uns in Verbindung setzen würde.

Als Astrid und ich – die Kinder hatten wir zur Ablenkung zum Meer geschickt – von einer weiteren erfolglosen Runde zurückkamen und uns in der Küche etwas zu trinken holen wollten, bückte ich mich zum Eiskasten. Da sahen mich aus der Bettlade der ausziehbaren Couch zwei braune Knopfaugen unendlich traurig an. Selten war ich so erleichtert, unseren Hund zu sehen,

der sich dort offenbar ein kühles Schläfchen gegönnt hatte und beim Bettenmachen eingesperrt worden war.
Als wir vom Urlaub heimkamen, blätterte ich die aufgestauten Zeitungen durch. Eine besonders kuriose Meldung las ich Astrid vor, die gerade Souvenirs wie Meersalz, Olivenöl und Rosmarin in unseren Vorratskasten einordnete: „Tagelang gesuchte Riesenschlange lag unter dem Küchenkastl. Ihr Besitzer will sie demnächst in einen Reptilienzoo bringen."
Während meine Frau ihrer Verwunderung Ausdruck gab, wie man eine Schlange Amanda („die Liebenswerte") taufen könne, sah ich, wie Happy, die zu meinen Füßen lag, mich treuherzig fixierte. Offenbar hatte sie unsere Unterhaltung verfolgt, denn ihr Blick sagte mehr als 1000 Menschenworte: „Ich hab euch ja ganz ähnliche Scherereien gemacht. Danke, dass ihr mich deshalb nicht weggebt …"

Derf i des Hunderl a bissl streicheln?

Kürzlich wollte es der Zufall, dass ich als erstes Familienmitglied mittags nach Hause kam. Folglich war es ausnahmsweise an mir, unsere Happy, die unter diversen zerbissenen, angekauten und abgelutschten Gegenständen des bis dahin täglichen Gebrauchs von ihrem Zerstörungswerk erschöpft eingeschlafen war, hervorzuholen und der nötigen Bewegung an der frischen Herbstluft zuzuführen.
Meine liebe Frau hatte mir das einschlagige „Sackerl fürs Gackerl" vorsorglich zur Leine dazugelegt, und so stand unser ersten gemeinsamen Tour nichts mehr im Weg.
Ich hatte kaum das Gartentor hinter uns abgeschlossen, als

eine fröhliche Frauenstimme sagte: „Ja Happy, grüß dich Gott, bist du heute einmal mit deinem Herrli unterwegs?"

Obwohl die Dame im eigentlichen Sinn das Wort nicht an mich gerichtet hatte, versuchte ich höflich in Happys Namen auf diese rhetorische Frage zu antworten, geriet aber in einen gewissen Formulierungsnotstand und beließ es bei einem gemurmelten Gruß.

Wenige Meter weiter fragte mich die Besitzerin eines mir bis dahin persönlich nicht bekannten West Highland White Terriers namens Candidus teilnahmsvoll, ob wir Happy denn schon gebadet hätten. Da ich derartige Säuberungsrituale nicht einmal bei meinen Kindern im Babyalter mit dem von meiner Frau erwarteten Interesse verfolgt hatte, konnte ich bezüglich der Fellpflege unseres Cairn-Terriers schon gar keine Auskunft geben.

Auf der Hundewiese sah ich in einer ausgepolsterten Tragetasche einen Hund, der die ästhetischen Bedürfnisse seiner Besitzer wohl kaum auch nur ansatzweise zu befriedigen imstande war. Mit anderen Worten: Er war grottenhässlich. Dem Gespräch zwischen seinem Frauchen und einer jungen Dame, die zwei Schlittenhunde mit geradezu irritierend blauen Augen spazieren führte, war zu entnehmen, dass „Poldi" zwar erst sechs Jahre alt, aber körperlich ein Wrack sei. Die Bitte der jungen Frau, das „arme Hunderl a bissl streicheln" zu dürfen, wurde barsch abgewiesen: „Also des meg ma goa net. Wir ham immerhin zwei kaputte Bandscheibn und deshalb jede Menge neurologische Ausfälle. Wenn uns wer anrührt, beiß ma."

Auf die besorgte Frage, ob denn kein Tierarzt Linderung verschaffen könne, erfuhr der unfreiwillige Zaungast (Happy hatte inzwischen ihre Leine mit jener der Schlittenhunde zu einem unauflöslichen Knäuel verknüpft), dass bereits alles versucht worden sei, eine Heilung aber ausgeschlossen.

Die Schlittenhundemutter begann in ihrer Jacke nach einem Taschentuch zu kramen („Na, a so a liabs, oams Viecherl; vielleicht g'schicht ja doch a Wunda und es wird wieda g'sund?"), da konstatierte die andere geradezu triumphierend: „Ausgeschlossn. Der Poldi lebt nimma lang, in drei Monat is er tot, des kennen S' mir glauben."

Doch als die Junge, die tränennassen Augen unaufhörlich auf die arme Kreatur im Korb geheftet, in Schluchzen ausbrach, lenkte das Frauchen des moribunden Hundes ein: „Wissen S' was, mögen S' net in unseren Pfötchen-Klub kommen? Mia treffen uns jedn erstn Mittwoch im Monat. Die Hunde haben's so lustig miteinand, und mia hab'n was zum Red'n."

Und während die beiden auch Happy und mich einladend musterten, entwirrte ich schleunigst die Leinen und machte mich rasch auf den Heimweg. Unser Sackerl war ja schließlich schon voll.

Was passiert mit den Waisentieren?

Unsere Tochter Sophie hat eine, wie ich meine, schöne, aber nicht ganz alltägliche Kindheit. Als jüngstes von acht leiblichen Kindern geboren, erspart sie sich weitgehend die Erziehungsversuche ihrer Eltern, die (endlich!) abgeklärt genug sind zu erkennen, wie schnell ihre Einflussnahme an natürliche Grenzen stößt.
Sophie stillt ihren Wissensdurst seit jeher auf unorthodoxe Weise. Das wurde schon deutlich, als z. B. vor etwas mehr als 12 Jahren unser letztes Kind, der damals fünfzehnjährige Donatien aus Kamerun, in unsere Familie kam. Das zweijährige Mädchen war sichtlich fasziniert, doch auch ein wenig beunruhigt von der dunklen Hautfarbe des neuen Bruders. Es war köstlich zu beobachten, wie es offensichtlich angestrengt nachdachte, zu Doni auf die Sitzbank krabbelte, seine Haut aus nächster Nähe beäugte, blitzschnell einen ihrer kleinen Finger nass schleckte und damit vorsichtig über seine Wange fuhr. Als sie sah, dass sich das Braun nicht entfernen ließ, kletterte die Kleine, zufrieden ob ihres Erkenntniszuwachses, wieder auf ihren Hochsessel.
Sophies stärkste Eigenschaft ist ihre Tierliebe. Sobald ihr – sie war damals in der zweiten Klasse der Volksschule – die Zusammenhänge zwischen Nutztierhaltung und Wienerschnitzel bewusst geworden waren, erklärte sie, von Stund an weder Fleisch noch Wurst zu essen.
Auch war es Sophie, die das Thema Familienhund, das ich so viele Jahre lang erfolgreich abgeblockt hatte, so konsequent und charmant wieder ins Gespräch brachte, bis mein Widerstand zusammenbrach. Und zum Unterschied von vielen anderen Kindern, deren Freude an der süßen Neuerwerbung schneller

abebbt, als der Welpe stubenrein ist, übernimmt Sophie auch bei Regen und Schnee das vereinbarte Drittel der anfallenden Spaziergänge.
Zu Weihnachten hat unsere Jüngste ein Buch bekommen, in dem beschrieben wird, wie ein engagierter Bub es schafft, über die Ferientage für jedes Tier des örtlichen Tierheims einen vorübergehenden Pflegeplatz zu finden. Seither kreisen ihre Gedanken um das Schicksal der armen Waisentiere. Da in dem Buch die Rede davon ist, dass die Heimbewohner eingeschläfert werden, wenn sie nicht bis zum 40. Tag von einem neuen Besitzer abgeholt werden, schickte Sophie ein Mail an das Grazer Tierheim mit der bangen Frage, wie denn die diesbezüglichen Bestimmungen hierzulande seien. Ich danke an dieser Stelle der Mitarbeiterin dieser Institution, die meiner Tochter postwendend geantwortet und damit einen großen Kummer von der Seele genommen hat.
Seit Sophie die Hälfte ihrer Wochenenden bei ihrer Tante verbringt, die als Tierärztin eine große Pferdeklinik betreibt und für die sie mit Begeisterung kleine Handreichungen erledigt, hat sich ihr Berufswunsch von Tierfotografin auf Veterinärmedizinerin verschoben. Wenigstens was die Verpflegung betrifft, macht unsere kleinste Tochter meiner Schwägerin keine Probleme: „Das ist eigentlich schon praktisch, dass wir beide keine Patienten essen.“

Wettbüro für Weihnachtswichtel

Der Feuerlöscher trägt Zipfelmütze

Die Zeit des Wartens auf das Christkind wird in den meisten österreichischen Haushalten auf die eine oder andere Weise zelebriert. Nach jüngsten Erhebungen gibt es in 78 % der Familien einen Adventkranz, 85 % der Kinder und ein ständig wachsender Prozentsatz jung gebliebener Erwachsener besitzen einen Adventkalender. Auch beleuchtbare Rentiere sowie an Hausfassaden emporkletternde Weihnachtsmänner mit aus medizinischer Sicht nicht unbedenklichem Übergewicht erfreuen sich steigender Beliebtheit.
Was unser Haus betrifft, so mutiert es in der Adventzeit zu einem kleinen Volkskundemuseum. In der Woche vor dem ersten Adventsonntag holen unsere großen Söhne ein halbes Dutzend Bananenkisten aus der Fahrradgarage, deren Inhalt zwischen Schianzügen, Schneeschaufeln, Reisekoffern, zwischengelagerten Fußballschuhen und schon für künftige Enkelkinder bereit gehaltenen Vorräten an Bausteinen, Modelleisenbahnen und Puppenküchen sein beschauliches Dasein fristet.
Da sich im Lauf der letzten zweieinhalb Jahrzehnte eine gewaltige Menge an Dekorationsmaterialien angesammelt hat, bleibt kein Haken, keine Abstellfläche, keine Fensterbank frei von Engeln, Glöckchen, Schneemännern, Nussknackern, Duftsäckchen, Reisig, Zweigen und Kerzen. Das Obsttischchen muss zur Gänze leer geräumt werden, damit darauf ein ganz spezieller Adventkalender Platz findet: 24 leere, außen mit Seidenpapier beklebte Marmeladegläser sind mit kleinen Aufmerksamkeiten befüllt und mit weihnachtlichen Papierservietten und Schmuckbändern verschlossen. Tag für Tag wird der meist süße Inhalt eines Glases entnommen und dafür ein Teelicht hineingestellt,

das bei der abendlichen Adventfeier entzündet wird. Diese täglich heller werdende Zimmerecke korrespondiert mit einem schmiedeeisernen Kranz, der an der Zimmerdecke befestigt ist und Halterungen für 24 Kerzen hat.
Eine weitere Lichtquelle stellt ein dreistöckiges Holzkarussell dar, das seine Energie aus der aufsteigenden Wärme von sechs Kerzen bezieht, die unter der untersten Etage befestigt sind, auf der sich in nicht gerade andächtiger Geschwindigkeit die Heilige Familie sowie die Heiligen Drei Könige samt einem Kamel drehen.

Im Stockwerk darüber rotieren Hirten mit ihren Schafen, während unter den mit Sternen verzierten Rotorblättern majestätische Engel mit verschiedenen Blasinstrumenten musizieren. Während unserer Adventfeiern sind also Dutzende brennende Kerzen im Einsatz. Eine derartige Fülle gewährleistet zwar Frieden unter unseren teilweise hochgradig pyromanisch veranlagten Kindern – schließlich kann jedes unter elterlicher Aufsicht nach Herzenslust zündeln –, stellt aber doch auch ein feuertechnisches Restrisiko dar, dem vor drei Jahren eine gerade nicht im Einsatz befindliche Blockflöte fast zum Opfer gefallen wäre. Doch auch für diesen Fall hat Astrid trefflich vorgesorgt: Neben dem Kachelofen steht der frisch gewartete Feuerlöscher, jahreszeitlich korrekt mit einer Zipfelmütze dekoriert …

Wettbüro für Weihnachtswichtel

Seit einigen Jahren wird in unserer Familie gewichtelt.
Sophie schreibt alle unsere Namen auf Zettelchen, die zerknüllt und in eine leere Keksdose gelegt werden, aus der reihum gezogen wird. Wer seinen eigenen Namen zieht, legt den Zettel zurück und versucht sein Glück aufs Neue. Reaktionen auf den zugelosten Partner sind tunlichst zu unterlassen.
Der Wichtel soll nun in die Rolle eines guten Zwergleins schlüpfen und seinem Wichtelkind in den Wochen bis zum Heiligen Abend kleine Freuden bereiten. Die Auflösung der Wichtelei ist Teil des Nachmittagsprogramms des 24. Dezembers.
Benedikt (26) hat heuer eine Erweiterung eingeführt, die dem Brauch ungeahnte Dynamik verleiht. Er hat ein Büro eröffnet, in dem er Wetten auf Wichteltipps annimmt. Die Quoten ändern

sich jede Woche, abhängig von den bei ihm eingehenden Informationen.
(Zur Erläuterung: Für ein sicheres Ereignis liegt die Quote bei 1, d. h., man bekommt nicht mehr als seinen Einsatz ausbezahlt. Je unwahrscheinlicher die Wette, desto größer ist der Gewinn.) Sollte also ein Familienmitglied, das in der Adventzeit sein Bett gemacht, seine Schmutzwäsche entsorgt und seine Schuhe geputzt vorfindet, bei Benedikt eine Wette auf seine Mutter abschließen wollen, so wird er diese erst gar nicht annehmen. Wenn aber beispielsweise nach einem heftigen Schneefall die Gehsteige um unser Haus bereits vor dem Frühstück freige-

schaufelt sind, würde man wohl Benedikts Bank sprengen, wenn man auf Nikolaus setzt.

Um nun allzu eindeutige und leicht zu entschlüsselnde Lösungen zu vermeiden, findet ein munteres Tarnen und Täuschen statt.

Als z. B. neulich meine Frau bat, von einem der Kinder in die Krippenausstellung begleitet zu werden – ein Unterfangen, das in einem gewissen Alter nicht gerade zu den Highlights der Freizeitgestaltung gezählt wird –, meldeten sich unverzüglich fünf Freiwillige, um den Verdacht vom eigentlichen Wichtel abzulenken.

Eines meiner Kinder – der Name muss in diesem Fall natürlich verschwiegen werden – ist ein Wichtel, der sich traditionell den ganzen Advent über bedeckt hält, am 23. Dezember aber mit einem besonders liebevollen Geschenk überrascht.

Sobald meine Frau merkt, welchem Familienmitglied ein Advent ohne Wichtelfreuden bevorsteht, erweist sie diesem ebenfalls kleine Aufmerksamkeiten, damit die Quote für den Faulwichtel nicht zu niedrig wird.

Allfällige Beschriftungen bzw. notwendige Erläuterungen („Das sind zwei Kinogutscheine, aber verwende sie erst nach Weihnachten und nimm deinen Wichtel mit!") werden am Computer, mit der linken Hand oder durch einen Schulfreund geschrieben, damit sich der wahre Wichtel nicht durch seine Handschrift verrät.

Das perfekte Ablenkungsmanöver gelingt unserem angehenden Juristen: Benedikt, der das ganze Jahr über niemals den Biomülleimer oder den Altglasbehälter entleert, tut das auch im Dezember nicht. Schließlich möchte er sich nicht als potentieller Wichtel seiner Mutter outen. Außerdem hat er mit seinem Wettbüro ja wirklich genug zu tun.

Sankt Nikolaus skalpiert sich

Den ersten Höhepunkt in der langen Zeit des Wartens auf Weihnachten stellt wohl das Fest des heiligen Nikolaus dar. Ich erinnere mich besonders gerne an die Nikoloabende, als unsere Kinder noch klein waren. Da sich auch von diesen denkwürdigen Feiern reichlich Fotodokumente in den Alben unserer Kinder finden, stehen mir beim Durchblättern diese schönen Stunden wieder vor Augen, als wären sie gestern gewesen.
Mein Ältester, dreijährig, auf dem Schoß seiner geliebten Omama in banger Erwartung des heiligen Mannes, der zweijährige Benedikt zwischen Großtante und Großonkel, und Nikolaus, ein Baby noch, der unbeeindruckt vom Geschehen rundum in der großen alten Bauernwiege schläft.
Zum Essen gab es Wiener Suppentopf, ein Gericht, das umso herzhafter schmeckt, je mehr davon gekocht wird. Auch der traditionelle Obstsalat wurde von den Altvorderen gerne konsumiert, wobei lange die Frage erörtert wurde, ob der Anlass ein Abgehen von der gewohnten Diät und also den Verzehr von dazu gereichtem Schlagrahm rechtfertige. Auch dem Glühwein wurde herzlich zugesprochen und dazu Uromamas köstliche Topfenstangerln geknabbert.

Mein Schwiegergroßvater, der damals 93 Jahre alt war – sieben weitere Nikolofeiern sollte er noch miterleben! –, hatte wie bei jeder Familienzusammenkunft ein kleines Gedicht verfasst, das er nach dem Essen gut gelaunt zum Besten gab:

Der blond gelockte Dominik
ist seiner Eltern ganzes Glück.
Nicht immer hat er Patschen an –
das rügt er leis', der heil'ge Mann.
Und auch dem braven Benedikt
der Bischof freundlich heut' zunickt:
Du bist ja meist ein braves Kind –
allein ins Bett willst nie geschwind.
Bei Nikolaus, da muss er schmunzeln,
es wackeln seine vielen Runzeln.
Du liebes Namensvetterlein,
du bist für vieles noch zu klein.
Bald bringt das Christkind seine Gaben,
und Punsch, an dem sich alle laben.
Den Baum schmücken die Engelein.
Wartet's nur ab, ihr Bengelein.

Der Auftritt des heiligen Nikolaus war diesmal besonders spektakulär, da er sich mit Bischofsmütze und weißer Perücke im Engelmobile, das von der Zimmerdecke baumelte, verhedderte und dadurch beinahe skalpierte. Unsere kleinen Buben hatten die Augen ängstlich zu Boden gesenkt und bemerkten das kleine Missgeschick nicht, dessen Erinnerung noch Jahre später am 5. Dezember heraufbeschworen wurde und für anhaltende Heiterkeit sorgte.

Auf Grund ihres zarten Alters wurden Dominik und Benedikt vom Nikolo weder Gedichte noch Lieder oder Gebete abverlangt, sondern nach einer kurzen Anekdote aus dem Leben des Bischofs von Myra große, prall gefüllte Jutesäcke ausgehändigt.
Neben Stofftieren, Bausteinen, vielen gesunden und ausnahmsweise weniger gesunden Leckereien war darin auch ein weißes Modellauto mit Türen, die sich öffnen ließen.
Und dieses Modellauto sehe ich heute noch vor mir, wenn ich auf das Foto auf unserer Kredenz schaue. Es zeigt die drei Urgroßeltern meiner Kinder, von Herzen lachend und einander das Auto zuschiebend.

Flugshow ohne rote Bullen

Unlängst fand in Marseille der traditionelle Flugtag statt, der vom Erzeuger eines Energiegetränks für einen roten Bullen gesponsert wird. 40 Teams erheben sich dabei vermittels ihrer selbst gebauten Fluggeräte von einer Startrampe in die Luft, um nach wenigen Metern mehr oder weniger kläglich im Mittelmeer zu wassern.
Mitunter erfordert aber auch das ganz normale Leben eine gehörige Portion Erfindergeist und Mut.
Es ist nun mehr als 22 Jahre her. Wir hatten zu dieser Zeit drei Söhne von 5, 4 und 2 ½ Jahren, unser erstes Töchterchen war wenige Monate alt. Es war kurz vor Weihnachten, und ich machte mit den drei Buben einen ausgiebigen Spaziergang inklusive Maroni-Essen und Schneemannbauen, damit Astrid inzwischen den Baum aufputzen konnte.

Zur Unterstützung unserer Familie war in diesem Jahr eine Caritasschülerin stundenweise bei uns tätig, ein hübsches Mädchen aus der Südsteiermark, von dem wir damals noch nicht ahnen konnten, dass es später einmal eine vielfach preisgekrönte und hochgradig innovative Konditormeisterin werden würde.
An besagtem Nachmittag jedoch sollte sie weder Petits Fours backen noch Büstenhalter aus Bitterschokolade fertigen, sondern lediglich das Haustor absperren und meiner Frau die Heimkehr der restlichen Familie melden. Sei es, dass Lisa von einer Chocolaterie in Paris träumte, sei es, dass sie an einem Rezept für Kürbiskernmarzipan tüftelte – Tatsache ist, dass sie weder die Tür abschloss noch auf die nun wirklich nicht leicht zu überhörende Heimkunft unserer Rasselbande achtete.
Auch Astrid, die zu den Klängen von Vivaldi und unter dem glucksenden Beifall der kleinen Tony, die noch nicht verstand, welch seltsamer Beschäftigung ihre Mutter nachging, eifrig und flink Walnusskrippen, Schokoschirmchen und Wachssterne an der prächtigen Tanne befestigte, nahm das nahende Unheil erst wahr, als die Söhne im Vorhaus unter lauten Unmutsäußerungen ihre schneenassen Stiefel auszuziehen versuchten.

Was nun? Jeden Moment konnte einer von ihnen ins Christbaumzimmer kommen und dort seine Mutter bei ihrer doch dem himmlischen Kind und seinen helfenden Englein vorbehaltenen Arbeit entdecken.
Dabei wollten meine Frau und ich unseren Kindern den Glauben an das Christkind doch möglichst lange erhalten!
Den CD-Player ausschalten, die Zimmertür von innen zusperren, das Fenster aufreißen, das Baby packen und in einem kühnen Sprung in den Vorgarten segeln war für meine geistesgegenwärtige Frau eine Sache von wenigen Sekunden.
Es mag sein, dass die begeisterten Rufe der Zuschauer in Marseille lauter waren als Lisas entgeisterter Schrei. Nie werde ich ihren Blick vergessen, mit dem sie meine Frau ansah, die ein wenig atemlos mit der kleinen Tony im Arm zur Haustür hereinspazierte. Wären meiner Frau unversehens Engelsflügel gewachsen, hätte sie nicht ungläubiger dreinschauen können.
Unsere Kinder aber haben noch viele Winter lang ihren Glauben an die Allmacht des Christkinds bewahrt, der an jenem fernen Tag durch den beherzten Fenstersprung ihrer Mutter beschützt worden war.

Wie war ich reich, als ich arm war!

Jedes Jahr in der Adventzeit lese ich meinen Kindern die Rosegger-Geschichte „Als ich Christtagsfreude holen ging“ vor. Der steirische Dichter hat diese Weihnachtsgeschichte vor mehr als 150 Jahren selbst erlebt. Die Erzählung hat im Laufe der Jahrzehnte nichts von ihrem Zauber eingebüßt. Besonders berührend finde ich die Schilderung des kargen Mittagsmahles des kleinen

Peterl, der sich bereits mit der bescheidenen Christtagsfreude – zwei Maßl Semmelmehl, zwei Pfund Rindsschmalz, Zucker, Weinbeerln, Germ, Safran und Neugewürz sowie ein paar Semmeln – schwer bepackt auf dem Heimweg befindet.
Um fünf Uhr war er geweckt und dann in Kälte und Finsternis hinausgeschickt worden. Eine einzige Semmel durfte er den ganzen Tag über essen und dazu hatte ihm die gütige „Kaufmännin" in Langenwang eine Hand voll gedörrter Zwetschken geschenkt.
Und so schildert Rosegger diese für ihn so köstliche Mahlzeit: „Nicht weit von der Stelle, wo der Weg nach Alpl abzweigt, stand ein Kreuz mit dem lebensgroßen Bilde des Heilands. Es stand, wie es heute noch steht, an seinem Fuß Johannes und Magdalena, das Ganze mit einem Bretterverschlag verwahrt, sodass es wie eine Kapelle war. Vor dem Kreuze auf die Bank, die für knieende Beter bestimmt ist, setzte ich mich nieder, um Mittag zu halten. Eine Semmel, die gehörte mir, meine Neigung zu ihr war so groß, dass ich sie am liebsten in wenigen Bissen verschlungen hätte. Allein das schnelle Schlucken ist nicht gesund, das wusste ich von anderen Leuten, und das langsame Essen macht einen längeren Genuss, das wusste ich schon von mir selber. Also beschloss ich, die Semmel recht gemächlich

und bedächtig zu genießen und dazwischen manchmal eine gedörrte Zwetschke zu naschen.
Es war eine sehr köstliche Mahlzeit; wenn ich heute etwas recht Gutes haben will, was kostet das für außerordentliche Anstrengungen aller Art. Ach, wenn man nie und nie einen Mangel zu leiden hat, wie wird man da arm! Und wie war ich so reich damals, als ich arm war."
Wie war ich so reich, als ich arm war! Eigentlich wissen wir es alle, dass wir unseren Kindern nichts Gutes tun, wenn wir sie mit Spielsachen überhäufen: noch eine Puppe, noch ein Auto, noch ein Videospiel. Es kommt nicht auf die Menge an. Dass wir Eltern statt zweier Würfelspiele nur eines schenken, dafür aber uns ein wenig Zeit nehmen und mitspielen – das würden sich Kinder wünschen.
Ich kenne einen Buben, der hat keine Wünsche mehr oder nur noch maßlose, weil alle anderen schon erfüllt sind. Er freut sich nicht auf Weihnachten – genauso wenig wie seine Eltern, die gestern mit ihm nach Teneriffa geflogen sind, um dem Weihnachtsrummel zu entfliehen.
„Hier sind wir wenigstens sicher vor Verwandtenbesuchen, Engelshaar und Stille-Nacht-Heilige-Nacht-Kitsch."
Ich freue mich auf das Weihnachtsfest zu Hause: auf den geschmückten Christbaum, auf das von allen mit Spannung erwartete leise Klingeln des silbernen Glöckchens und darauf, dass alle unsere Kinder da sind.
Jeder soll auf seine Weise Christi Geburt feiern. Und wahrscheinlich denken meine sonnenhungrigen Bekannten am Abend des 24. Dezember, zwischen viertem und fünftem Gang ihres Galamenüs, auch einen kurzen Augenblick daran, was damals, vor mehr als 2000 Jahren, im Stall von Betlehem geschehen ist.

Weihnachtsmann unter Palmen

Immer, wenn Astrid und ich allein für eine Woche verreisen, haben wir ein schlechtes Gewissen. Hoffentlich reichen die vorgekochten Schinkenfleckerln, denken wir, und das Sugo für die Spaghetti und die Lasagne und die Tiefkühlpizzen – und die Kinder halten die richtige Reihenfolge ein. (Also zuerst die Schinkenfleckerln und zum Schluss die Pizza mit Ablaufdatum 12. 5. 2014.) Und hoffentlich wird die Heizung nicht kaputt und sie müssen nicht frieren wie beim letzten Mal.
Anlässlich eines runden Geburtstags meiner Frau flogen wir am 1. Jänner nach Sharm el Sheikh. „Genießen Sie eine wunderschöne, ruhige Woche", flötete die Flugbegleiterin, ehe wir mitten in der Nacht aus dem Flugzeug stiegen.
Bei 25 Plusgraden waren die Gedanken an Schnee und Kälte schnell verflogen. Auch die Palmen vor dem Hotel, als Christbäume dekoriert, und die fetten Weihnachtsmänner, die ihre Schlitten zwischen Kakteen zogen, konnten keine besinnliche Stimmung hervorrufen.
Nein, besinnlich war es wirklich nicht und auch nicht ruhig, wenn wir am Strand im Liegestuhl lasen. Denn alle fünf Minuten donnerte ein Flugzeug über unsere Köpfe hinweg, der Strand liegt direkt in der Anflugschneise des Flughafens, deshalb hat man einen prächtigen Ausblick auf die Flieger. Alle fünf Minuten, das gibt in der Stunde ein Dutzend Flugzeuge – Wahnsinn! Das Verblüffende daran: Keinen der 500 Hotelgäste schien der Lärm zu stören. Vielleicht nahmen sie die Maschinen gar nicht mehr wahr. Dafür sah man keine Vögel in den Baumwipfeln (aber Weihnachtsmänner!). Täglich rückte am Vormittag und vor dem Sonnenuntergang ein Spezialtrupp mit einem Sprüh-

schlauch bewaffnet aus, um die Insekten in der malerischen Grünanlage auszurotten. Wo es keine Insekten gibt, da gibt es auch keine Singvögel mehr. Nur die kecken Spatzen, die die Reste des Frühstücksbüffets vom Boden pickten, ließen sich nicht vertreiben.

Unfassbar unser Schnorchelausflug. Als wir nach zweistündiger Bootsfahrt bei einem Riff angekommen waren, parkten dort schon so viele Schiffe wie Autos vor einem Supermarkt. Dutzende Schnorchler zogen hinter ihrem Führer zu den Riffen, wo

auch meine Frau, zwischen ganz vielen bunten Flossen, einen formidablen Krokodilfisch gesehen haben will.
Beim Anblick der vor Kälte bibbernden Tauchgemeinde musste ich an unsere Kinder denken, die sicher noch in ihren Betten schliefen, unter einer warmen Tuchent, und schwor mir: Nie wieder Ägypten im Jänner. Nächstes Jahr fahren wir wieder alle gemeinsam auf eine Selbstversorgerhütte. Auf so eine wie vor einigen Jahren. Die lag ganz allein da im unverspurten Weiß. Hatte keinen Fernseher, keinen PC, kein Radio. Herrlich!
Wer Schi fahren wollte, musste die Tür freischaufeln, so viel Schnee war über Nacht gefallen, und dann mehr als einen Kilometer durch hüfthohen Schnee stapfen bis zum nächsten Lift. Anstrengend, aber unvergesslich! Und abends, wenn ich vor die Hütte trat, sah ich einen Sternenhimmel, wie ich keinen mehr sah. Und nirgendwo ein Flugzeug.

Der Lauch auf dem Laptop

„Im Kreisverkehr die dritte Abfahrt nehmen“

Da unsere Tochter Antonia noch eine Prüfung zu absolvieren hatte, kam sie zu unserem Familienurlaub mit dem Zug nach. Meine Frau, Sophie und ich wollten sie am Bahnhof in Rom abholen. Frühmorgens machten wir uns also auf, kamen auf der Via Aurelia zügig voran. Wir hatten zwar keine Straßenkarte der italienischen Hauptstadt an Bord, dafür aber ein bis dahin unbenütztes GPS, das Astrid zusammen mit einer Familienpackung Sportsocken beim Kaffeehändler ihres Vertrauens erstanden hatte.
Sobald wir die Stadtgrenze passiert hatten und im zu erwartenden Morgenstau steckten, aktivierte sie voller Vorfreude auf das baldige Wiedersehen mit unserer Ältesten das Navigationsgerät. Es dirigierte uns unverzüglich von der glühend heißen achtspurigen Außenringautobahn in mehreren Mäandern auf eine unscheinbare, aber dank vieler Eukalyptusbäume schattige Schotterstraße. Als die leidlich sympathische Frauenstimme mir allerdings auftrug, „in 200 Metern rechts abzubiegen“, kündigte ich ihr meine bis dahin treue Gefolgschaft auf und weigerte mich nach kurzer Beratung mit meiner Frau, in den Schilfgürtel eines Vorstadtkanals einzufahren. „Bitte wenden“, schnarrte Susi, der laut Bedienungsanleitung die Stimme gehörte, beleidigt – was ich freilich ebenfalls ablehnte.
„Im Kreisverkehr die dritte Abzweigung nehmen“, lenkte sie ein und ließ sich auch von Astrids Hinweis, dass weit und breit kein Kreisverkehr in Sicht sei, nicht von ihrem Vorschlag abbringen: „Jetzt die dritte Abzweigung nehmen“.
Ich gab eine für meine Verhältnisse deftige Äußerung von mir, die Sophie auf dem Rücksitz mit großem Vergnügen quittierte. Zum

Schutz meiner Nerven und meiner Autorität verstaute Astrid das ganz und gar untaugliche Gerät recht unsanft im Handschuhfach. „Bitte beachten Sie die Geschwindigkeitsbeschränkung", schnarrte es unverdrossen hinter der Abdeckung hervor.
Doch wir hatten dem armen Mädl bitter unrecht getan. Die Frage nach der Stazione Termini ließ sich in dem Vorort, in den es uns verschlagen hatte, auch von Einheimischen und Carabinieri nicht schlüssig beantworten. Von einer einigermaßen hilfreichen Beschilderung kann der Rom-Tourist ohnehin nur träumen.

Glücklicherweise hatte Tony, die ein Jahr als Au-Pair-Mädchen in Rom gearbeitet hatte und mittlerweile längst angekommen war, ihren Stadtplan griffbereit. Per Handy lotste sie uns vom Bahnhofsplatz aus zu sich.
Da wir nun schon so weit gefahren waren, wollten wir in der nicht allzu weit entfernten Kirche Santa Maria in Cosmedin Sophie den berühmten „Mund der Wahrheit", die Bocca della verità, zeigen, den sie im Werkunterricht aus Ton gebastelt hatte. Als wir zurückkamen, war das Schloss auf der Fahrerseite aufgebrochen. Tonys Gepäckstücke, die sie – leider vergeblich – von außen nicht sichtbar unter den Sitzen deponiert hatte, waren weg. Das Handschuhfach stand offen. Darin lag das zu Recht von den Autodieben verschmähte Navi. Susi plapperte unverdrossen: „Die Route ist berechnet. Wenden Sie umgehend."

Urlaub mit Belladonna

Ich bin kein Großmeister im Umgang mit moderner Technik. So bin ich immer wieder auf die Hilfe meines Schwiegervaters, eines Bruders, Schwagers, Freundes, Sohnes (seltene Ausnahme, da genetisch bedingt kaum brauchbar) oder Profi-Handwerkers (seltene Ausnahme, da teuer) angewiesen, wenn es gilt, etwa den neu erstandenen Bewegungsmelder zu installieren, den Geschirrspüler zu reparieren oder einen Wandhaken einzudübeln. (Perfekt allerdings beherrsche ich den – nicht unkomplizierten! – Entkalkungsprozess unseres Espressogeräts.)
Gänzlich hilflos bin ich den Kapriolen meines Computers ausgeliefert, mit dessen Wartung (Virenschutzprogramm!) ich mich so lange nicht befasse, bis er niederbricht und vom tüchtigen

Sohn eines Kollegen neu aufgesetzt werden muss. Freilich hat ein nicht auf den letzten Stand gebrachter Spamfilter auch seine durchaus unterhaltsamen Aspekte.

Ich weiß nicht genau, wodurch ich die einschlägigen Anbieter verärgert haben könnte, aber seit geraumer Zeit vermisse ich (wenn auch nicht gerade schmerzlich) die bis dahin in schöner Regelmäßigkeit eintrudelnden Hinweise auf garantiert wirksame Methoden der Penisverlängerung: Den Königsweg dahin, scheint es, gibt es nicht, aber eine beeindruckende Anzahl von rivalisierenden Methoden. Die Lektüre der abstrusen Praktiken (Saugglocke!) sorgte in meiner Familie teils für Befremden, teils für anhaltende Heiterkeit. Wie übrigens auch die preisgünstigen, unaufgefordert eingehenden Bestellmöglichkeiten für pharmazeutische Erektionshilfen jeglicher Art.

Wirklich überrascht hat mich kürzlich die Frage einer einfühlsamen Frau Silvia, die mich mit meinem Vornamen anschrieb und sich erkundigte, ob ich denn auch heuer ganz allein in den wohl verdienten Sommerurlaub fahren wolle. Sie könne meiner trostlosen Einsamkeit Abhilfe schaffen, sofern ich mit Hilfe ihrer kostenlosen Partnerbörse „Romantik 50 plus“ meinen Beitrag zu leisten gewillt sei. Foren und ein einfaches Chatsystem würden mich bei der Suche nach einer Partnerin unterstützen, sodass ich auf unkomplizierte (!?) Weise bald nicht mehr allein sei.

Um einen Vorgeschmack auf das Angebot zu vermitteln, waren fingernagelgroße, für das alterssichtige Auge nicht wirklich aussagekräftige Fotos von „Trauriger Herzfee“, „Belladonna 48“ und „Große Lady“ eingefügt.

Da ich keinen unmittelbaren Bedarf an Frau Silvias Dienstleistungen hatte, löschte ich die Nachricht, was mir im Nachhinein aber ein wenig roh und herzlos erscheint.

Sollten Sie, verehrte Frau Silvia, zufällig diese Kolumne lesen, so möchte ich Ihnen auf diesem Weg gerne sagen:

Ich fahre tatsächlich bald auf Urlaub, allerdings nicht allein. Dank eines Mannschaftskollegen und zweier Neffen sind wir 14 Menschen. „Große Lady“ hat in unserem Bus leider keinen Platz. Ich danke Ihnen für Ihre Bemühungen, ich benötige jedoch keine wie immer geartete neue Partnerin. Ich habe seit mehr als 26 Jahren dieselbe und bin sehr glücklich mit ihr.

Der Lauch auf dem Laptop

Als Student verbrachte mein Schwiegervater ein Jahr in den USA. Wenn er mit seiner späteren Frau oder seinen Eltern korrespondieren wollte, schrieb er ihnen einen Brief, der per Schiff drei Wochen über den Ozean fuhr …
In einem Jugendzimmer heute. Auf dem unaufgeräumten Schreibtisch steht ein aufgeklappter Laptop. Der Bildschirm zeigt die Facebookseite des Mädchens, das auf dem oberen Stockbett liegt und mit durchaus enden wollender Begeisterung lateinische Vokabeln lernt. Plötzlich kommt Bewegung in das Gerät: Ein Foto erscheint, daneben eine neue Nachricht. Anna hechtet vom Bett herunter und liest: „Hallo, ich brauch dringend Hilfe. Kann mir irgendwer sagen, ob das ein LAUCH ist?" Daneben ein Foto, auf dem bildschirmfüllend eine weißgrüne Gemüsestange sowie ein brüderliches Ohr zu sehen sind. Anna, an internationale Geschwisterkontakte durchaus gewöhnt, hackt routiniert in die Tastatur: „Keine Ahnung, wie soll ich das wissen? Und überhaupt: Seit wann scherst du dich um rohes Gemüse?" Nikolaus, der als Erasmusstudent ein Semester im portugiesischen Porto verbringt, postwendend: „Ich will mir a Suppal kochen. Hol bitte die Mama, es ist wirklich dringend." Sophie kommt ins Zimmer. Sie freut sich, als sie neben dem Gemüse ihren Bruder erkennt. Sie überfliegt den vorliegenden Schriftverkehr und ergänzt teilnahmsvoll: „Hat das Ding immer schon so ausgesehen oder hast du es abgeschält? Und riecht es ein bissl nach Zwiebel? Dann glaub' ich nämlich schon, dass es ein Lauch ist. Find ich übrigens toll, dass du selber kochst. Seit wann kannst du das?" – „Die Mama hat mir gestern das Rezept für die Erdäpfel-Lauch-Suppe gemailt. Ich hab nämlich

einen ziemlichen Gusto auf a warmes Suppal, weil es da so kalt ist." – Pause. Sophie spielt dem Lauch auf ihrer Querflöte vor, ohne dabei den Bildschirm aus den Augen zu lassen. Nach wenigen Minuten erscheint – stark verschwommen – ein neues Fotomotiv. „Falls wer von euch Geschwistern online ist: Glaubt ihr, kann ich das da statt Mascarpone nehmen? Den gibt's da nämlich nicht." – „Kannst du ein besseres Foto machen? Auf diesem kann man nichts erkennen. Und schau, dass man dich auch sieht. Ich will probieren, ob unser Hund dich erkennt." Ein zweiter Versuch zeigt ein fröhliches Studentengesicht, dessen untere Hälfte von einem in blaues Plastik eingeschweißten Milchprodukt verdeckt wird. „Okay, das Foto ist okay. Trotzdem reagiert die Happy überhaupt nicht auf dich." – „Ich kann ja am Abend mit dir skypen. Vielleicht erkennt sie mich an der Stimme. Jetztn warats aber wegen dem Mascarpone." – „Wart kurz! Ich schick dem Benedikt ein SMS, dass er online gehen soll. Vielleicht erkennt er, was es ist." Pause. „Der Bone hat mir geschrieben, er ist schon auf dem Weg zum Fußballtraining. Du sollst das Ding einfach kosten, dann wirst du schon merken, ob es zu deiner Suppe passt." Manchmal frag ich mich, wie die Menschen vor der Erfindung des Internets überleben konnten …

Kein Rock-Song über einen Simca

Die Autos, die ich mir im Lauf der Jahre kaufte, hatten eines gemeinsam: Sie waren immer schon gebraucht und einige Jahre alt. Mein erster Bolide war ein Puch 500. Eigentlich gehörte er meinen Eltern, aber ich fuhr damit. Es folgten: Minicooper (weiß), Simca (braun). Mit dem beigefarbenen VW Jetta, den ich noch als Single erstanden hatte, fuhr ich auf schneeglatten Straßen in die Flitterwoche. Wenig später allerdings war er weg: Ein beschäftigungsloser junger Mann, eben aus der Haftanstalt entlassen, nützte die Gelegenheit, das Auto, dessen Zündschlüssel steckte, aus der offenen Garage zu entwenden.
Alle meine Autos standen für eine Lebensart, der Statussymbole fremd sind. Es gibt, meinem Wissen nach, keine Rock-Songs, die von einem Simca handeln oder vom Wunschtraum erzählen, auf der Rückbank eines VW Jetta verführt zu werden.
Unter der Motorhaube war fast nichts, aber draußen, jenseits der Windschutzscheibe, gab es die Freiheit, lagen die Straßen, die zum Strand oder zu den Schipisten führten. Imponieren konnte ich mit diesen Autos niemandem, auch mit den weiteren nicht. Der Mitsubishi Space Wagon markierte eine neue Phase in meinem Leben. Er hatte acht Plätze, auf denen viele bunte Kindersitze festgeschnallt waren. Der Toyota, der nach dem japanischen Weltraumauto kam, war der erste richtige Bus mit neun Sitzen, der Ford Transit mein spektakulärstes Fahrzeug von allen. Weil neun Plätze nicht mehr für unsere 11-köpfige Familie ausreichten, baute Horst, mein alter Mechanikerfreund, eine Sitzbank in den Kofferraum. (Auf den Urlaubsfahrten waren die zwei, die im Kofferraum saßen, von Gepäckstücken regelrecht zugeschüttet und nicht zu sehen.)

Nach 15 Jahren war die Karosserie so durchgerostet, dass Horst sich weigerte, weitere Reparaturmaßnahmen durchzuführen. Dafür gab er mir, wie immer knurrend, den Rat: „Kauf da amol a gscheites Auto."
Der Abschied von meinem alten Bus, der mir in all den Jahren ans Herz gewachsen war, fiel mir nicht leicht: Welche Abenteuer, welche Aufregungen hatten wir miteinander geteilt!
Der letzte Bus – wie lange werden wir noch alle gemeinsam in den Urlaub fahren? – sollte etwas Besonderes sein. Nach langen

Überlegungen erstand ich schließlich mein „Traumauto“: Es ist ein Nissan Primastar, nachtschwarz und metallic. Die Kilometer-Anzeige zeigt zehn Kilometer an.
Um den Motor zu starten, muss ich zwar noch den Zündschlüssel benützen, denn mein Wagen erkennt den Schlüssel in meiner Hosentasche nicht wie der neue Siebener von BMW. Aber die Rückspiegel kann ich auch elektronisch verstellen, und wenn ich den sechsten Gang einlege, höre ich nur das leichte Rauschen des Fahrtwindes.
Es ist ein wunderbares, neues Fahrgefühl. Nur die Kinder sind unzufrieden und murren, weil sie nicht mehr aus pickigen Saftflaschen trinken oder mit schmutzigen Schuhen von einer Sitzbank über die andere klettern dürfen.
Aber die Zeit arbeitet für sie: Mit dem ersten Kratzer, der ersten Delle wird alles werden, wie es früher einmal war. Da bin ich mir ganz sicher.

Die grässlichste Autofahrt meines Lebens

Franz, mein Freund aus Volksschultagen, hatte schon als kleiner Bub klare Vorstellungen von seinem Leben: Er wollte sich einmal einen Porsche kaufen. Immer, wenn er davon sprach, lachte ich ihn aus.
Eines Tages stand er vor meiner Garage mit einem silbernen Porsche und brüllte: „Hör dir den geilen Sound an!“ Er trat das Gaspedal durch, der Motor röhrte extrem laut, aber ich wusste, ehrlich gesagt, nicht, was ich sagen sollte.
Ich wies auf meinen Bus und zeigte ihm – als kleines Extra – die Bank im Kofferraum, die ich zusätzlich hatte einbauen lassen,

damit wir zu elft in den Urlaub fahren konnten. Das Wageninnere sah nicht gerade einladend aus: Die Sitzbänke stark mitgenommen von Teeflascherlspritzern, Eislutscherflecken und Zuckerlpapierln. Nie wieder habe ich jemanden zugleich so angewidert und mitleidsvoll lächeln sehen wie Franz, der zärtlich über die Kühlerfront seines Flitzers strich.

Jahrelang hatte ich nichts mehr von ihm gehört, bis er kürzlich wieder vor meiner Garage parkte. Diesmal in einem amerikanischen Sportwagen.

„Was sagst du zu dem da? Hat 520 PS – meinen Porsche hatte ich irgendwie über. Außerdem gibt es von dem nur zwei oder drei in Österreich. Willst eine Runde mitfahren?"

Die Schalensitze aus echtem Antilopenleder glänzten so wunderschön, dass ich am liebsten noch schnell ins Haus gelaufen wäre, um mir die Hose anzuziehen, die ich am Vortag von der Putzerei abgeholt hatte. Meine Schuhe säuberte ich heimlich mit einem Taschentuch. Ich saß so tief, dass ich mir Gedanken machte, wie ich ohne fremde Hilfe diesem Gefährt wieder entkommen könnte.

Wenn er zu stark aufs Gaspedal steige, sagte Franz, würde das Auto gar nicht vom Fleck kommen, so rasend schnell drehen sich die Räder. Der Bolide verfüge, so belehrte er mich weiter, über ein Automatikgetriebe mit Doppelkupplung. Damit könne er noch schneller von 0 auf 100 kommen. Und zwar, indem er den linken Fuß auf die Bremse setzte und mit dem rechten das Gaspedal so weit hinunterdrückte, bis die Drehzahl bei 7000 war. Dann ließ er die Bremse abrupt los – und das Auto ging ab wie eine Rakete.

„Wahnsinn", stammelte ich und wischte mir erste Schweißperlen von der Stirn.

„Alles Übungssache", schmunzelte der muntere Autonarr, gab allerdings freimütig die einzige Schwäche seiner Neuerwerbung zu: „Wenn es zu regnen beginnt, müssen wir sofort rechts ran. Dann ist es lebensgefährlich!"
Ich warf einen ängstlichen Blick durch das Seitenfenster: Vom Westen zogen dunkle Gewitterwolken auf. Um es kurz zu machen: Es war die grässlichste Autofahrt meines Lebens.
Glauben die gewiss genialen Ingenieure dieses Geschosses auf vier Rädern, dass ein bis zwei gesparte Sekunden bei der Beschleunigung auf 100 km/h die zentrale Herausforderung unserer Tage sind? Muss verdammt unangenehm sein, dachte ich, in einem Auto zu sitzen, mit dem man nur fahren kann, wenn es nicht regnet und der Straßenbelag brettleben ist. Und streichelte dabei zufrieden über die Kühlerfront meines uralten Busses.

Fiaker und Schmiermaxe

Wie schnell sich manche Dinge in unserer Zivilisation ändern, erkennen wir am deutlichsten, wenn wir ein, zwei Generationen zurückblicken. Von den vier Urgroßvätern meiner Kinder beispielsweise besaß lediglich der jüngste, der „mit dem Jahrhundert ging", also im Jahr 1900 geboren war, einen Führerschein. Es gibt einige Fotos, die ihn als Piloten einer voluminösen Beiwagenmaschine, im Volksmund auch „Schmiermaxe" genannt, zeigen, seine gleichaltrige Ehefrau und den gemeinsamen Dackel in der tief gesetzten Beifahrerkarosserie neben ihm.

Von mir gibt es bedauerlicherweise kein derartiges Foto, daher kann ich meinen Kindern nicht beweisen, dass ich den Führerschein der Klasse A ebenfalls auf einem solchen überbreiten Motorradungetüm abgelegt habe. Ein einziges Mal bin ich tatsächlich mit einem Motorrad gefahren, auf der Insel Kos. (Gefahren trifft eigentlich nicht zu, vorwiegend musste ich es schieben.)

Der andere Großvater meiner Frau, dem nachgesagt wurde, er sei handwerklich so ungeschickt gewesen, dass er sein fast 101 Jahre währendes Leben lang keine Glühbirne eingeschraubt, keinen Nagel eingeschlagen und keine Batterie ausgewechselt habe, fuhr zu seinen Prüfungen mit dem Fiaker zur Universität, um den für derlei Gelegenheiten obligatorischen Frack nicht dem Straßenstaub auszusetzen.

Seine Frau fuhr bis ins hohe Alter mit ihrem Waffenrad zum Bauernmarkt, da sie befürchtete, das Dienstmädchen könnte von gewitzigten Marktfrauen vogerlsalatmäßig über den Tisch gezogen werden.

Heutzutage gehört die Fähigkeit, einen PKW zu pilotieren, zu den selbstverständlichen Kulturtechniken. In unserer Familie

ist es üblich, dass die Kinder anlässlich des 18. Geburtstags von den Verwandten der Großelterngeneration einen großzügigen Zuschuss für die nicht gerade billige Führerschein – Ausbildung bekommen.
Im Fall unseres Sohnes Nikolaus war dieses Geschenk nicht notwendig. Eine seiner Tanten hatte bei der Tombola seines Maturaballes einen Hauptpreis gewonnen: einen Gutschein einer namhaften Fahrschule für den Erwerb des B-Führerscheins, den sie gewissermaßen volley unserem Drittgeborenen weiterreichte.
Nikolaus bedankte sich artig, hatte es aber mit dem Einlösen des Gutscheins nicht eilig. Kurz vor dessen Ablaufdatum suchte er aber doch die spendierfreudige Institution auf, um sich eher lustlos über Kardanwellen, Bremswege und Hupverbote im Stadtgebiet zu informieren.
Die diversen Vorprüfungen zur theoretischen Fahrprüfung musste er infolge anhaltender Unkenntnisse so oft ablegen, dass er der motivierten Fahrlehrercrew mit der Zeit richtig ans Herz wuchs. Die praktische Fahrprüfung stellte keinerlei Problem dar, und bald war Nikolaus stolzer Führerscheinbesitzer.
In Ermangelung eines ihm unmittelbar zur Verfügung stehenden Autos sowie aus einer grundsätzlichen Abneigung gegen die

motorisierte Fortbewegung diente ihm das Dokument jedoch hauptsächlich dazu, sich bei den Türstehern diverser Lokalitäten als Über-Achtzehnjähriger auszuweisen.

Da Nikolaus unter die durchaus vernünftigen Bestimmungen des so genannten Mehrphasen-Führerscheins fiel, musste er bis zu einem bestimmten Zeitpunkt noch zwei Perfektionsfahrten sowie ein Fahrsicherheitstraining absolvieren.

Doch weder besorgte Zuschriften seiner Fahrschule noch die Appelle seiner Mutter vermochten ihn ausreichend zu motivieren. Zögerliche Versuche, einen Termin zu vereinbaren, scheiterten: an den Öffnungszeiten der Prüfstelle oder an Nikolaus' Einberufung in das österreichische Footvolley-Nationalteam oder am Ladezustand seines Handys.

Als unser Sohn nun die Vorladung der nächst gelegenen Polizeidienststelle erhielt mit der Aufforderung, seinen Führerschein mitzunehmen, ahnte er in seiner fröhlichen Naivität noch nicht, dass er das Revier ohne dieses Dokument wieder verlassen würde. Unmittelbar nach Absolvierung der ausständigen Ausbildungsteile sowie Erlegung einer Bearbeitungsgebühr könne er seinen Schein sofort wiederbekommen, so der freundliche Beamte. Das war vor gut zwei Jahren.

Nikolaus war ein wenig verdrossen, nun seinen (lange vermissten) Reisepass suchen zu müssen, um sich ausweisen zu können, ging aber weiterhin mit Vergnügen zu Fuß.

Als meine Frau psychologisch klug mit Nikolaus wettete, er werde es nicht schaffen, bis zu seinem 23. Geburtstag seinen Führerschein wiederzuerlangen, war er durchaus bereit für einen neuen Anlauf.

Ein wenig zurückgeworfen wurde er freilich durch die Entdeckung, dass die Fahrschule seines Vertrauens in Konkurs gegan-

gen war und er somit die nicht unerheblichen Kosten für die fehlenden Module aus eigener Tasche bezahlen musste.
Trotzdem absolvierte er seine Fahrten tadellos und zum unverhohlenen Gaudium der jüngeren Mitbewerber, denen seine lethargisch-lieblose Beziehung zu seinem Führerschein restlos unbegreiflich war. Unser Sohn freute sich schon auf die Abholung seines ihm nun wieder rechtmäßig zustehenden Führerscheins.
Von dem zuständigen Beamten der Führerscheinstelle wurde er allerdings gewissermaßen zurück an den Start geschickt: Nach 18 Monaten nämlich sei die Gültigkeit der Fahrprüfung erloschen, diese müsse nochmals abgelegt werden.
Ich bin gespannt, wie lange Nikolaus noch überall hin zu Fuß geht. Zumindest bei starkem Regen würde er, denke ich, schon ganz gerne das Auto nehmen. Oder Urgroßvaters Fiaker.

Vom überlangen HTML-Title-Tag

Unlängst hat mir ein Schüler seine Fachbereichsarbeit aus Informatik gezeigt. Ich habe die Arbeit gelesen – und kein Wort verstanden. Als wäre sie in Suaheli oder Gälisch abgefasst! Mir ist wieder einmal grausam bewusst geworden, dass ich keine Ahnung habe, was im Rechner eines Computers vor sich geht. Auch fehlt mir jede Kenntnis, wie ein Fernseher, das GPS oder ein Handy funktioniert.
Übrigens: Das GPS, das mir Astrid zu Weihnachten geschenkt hat, liegt immer noch originalverpackt auf meinem Nachtkastl. Warum? Es ist die seitenlange Bedienungsanleitung, vor der ich mich fürchte.

Vor etlichen Jahren habe ich einen Videorecorder gekauft und den Ehrgeiz besessen, ihn zu programmieren. Ich arbeitete nächtelang das sehr dicke Benutzerhandbuch durch, drückte an Knöpfen, steckte Kabel in Buchsen, suchte den Videokanal. Kein Bild, nicht einmal ein schwaches Flimmern, alles blieb dunkel.

Manchmal wache ich mitten in der Nacht auf mit dem Gedanken, viel zu wenig zu wissen. Wie kann man sich in dieser Welt noch zurechtfinden, wenn man nichts von Halbleitern oder Graphikkarten versteht? Irgendwo habe ich diesen Satz gelesen: „Beim Speichern einer Website mit einem überlangen HTML-Title-Tag kommt es zu einem stackbasierten Pufferüberlauf, durch den ein Angreifer beliebigen Schadcode auf einem System ausführen kann."

Besagter Schüler würde mir, milde lächelnd, erklären können, worin die Vor- bzw. Nachteile eines überlangen HTML-Title-Tag liegen – ich aber dennoch nur Bahnhof verstehen.

Meine Söhne haben zu den neuen Technologien einen recht unverkrampften Zugang. Vom Innenleben eines Computers wissen sie wenig, vom stackbasierten Pufferüberlauf genauso gar nichts wie ich. Dennoch nützen sie täglich die Errungenschaften der neuen Medien.

So lud Klemens, der an diesem Wochenende seinen 18. Geburtstag feiert, über die Computer-Plattform SchülerVZ bzw. StudiVZ innerhalb kürzester Zeit 126 Freunde in ein Grazer Innenstadtlokal (mit 50 Sitzgelegenheiten).
Nikolaus kennt hunderte virtuelle Freunde, die sich zu Gruppen mit geheimnisvollen Namen zusammentun: „Ich wollte mich geistig duellieren, aber du warst unbewaffnet"; „Kann mir bitte jemand das Wasser reichen?"; „Mein Wecker übertreibt". Bis jetzt konnte er mir nicht schlüssig erklären, worin der Nutzen besteht, Mitglied derartiger Vereinigungen zu sein.
Gerne aktiviert er auch den so genannten virtuellen Plauderkasten, um zu sehen, wer von seinen Freunden zu einem Tratsch bereit ist – es sind immer sehr viele.
Kopfzerbrechen bereitet mir meine Schwiegermutter, seit sie mit meinem Sohn Benedikt, der zurzeit als Erasmusstudent in Valencia weilt, mittels Webcam und Headset kommuniziert: Sie kann nicht nur per Computer kostenlos mit ihm telefonieren, sondern ihn dabei auch auf dem Bildschirm sehen.
Früher einmal haben Großmütter Fresspakete geschickt oder warme Socken gestrickt und Briefe beigelegt. Heute sitzen sie, den Laptop lässig auf dem Schoß, und überwinden mit einem Mausklick tausende Kilometer.
Nur ich bin ein konservativer Veteran des mit der Hand Geschriebenen, ein Mann von gestern, ein hoffnungsloser Fall.
Aber ich bin zuversichtlich, dass meine Zeit noch kommen wird. Wenn ich einmal Großvater bin, will ich nämlich auch mit meinen Enkeln skypen.

Über große Kinder und große Krokodile

Anna in Amerika

Zurzeit weilt unsere sechzehnjährige Tochter Anna im Rahmen eines Schüleraustauschs in den USA. Meine Frau sieht praktisch stündlich in unserer Mailbox nach, ob es ihr wohl gut geht. Nach tagelangem Bangen kam endlich ein Lebenszeichen, das Astrid postwendend beantwortete. (Im Folgenden die Kerninformation.)

„Gott sei Dank können wir uns auf dich verlassen, was Alk und drugs betrifft ... Am 1. Mai sind Papa, Tony, Jakob, Sophie und ich nach Salzburg gefahren. Wir haben die Stadt besichtigt und gut gegessen. Schade, dass du nicht dabei warst – Museen und Kirchen sind ja genau das, womit du einen Feiertag am liebsten verbringst ... (just kidding)... Lass es dir gut gehen, sorg dich nicht ums money, du hast genug davon, so viele Hamburger kannst nicht einmal du verdrücken.

Ich freu' mich schon riesig auf dich und umarme dich innig, auch wenn du schon ein bisschen supersized sein solltest ... In Liebe deine Mama"

Wenige Minuten später Annas Antwort:

„Also GANZ wichtig!!! Bitte nie wieder Englisch und Deutsch mischen, das is eine sogenannte ‚never ever in life can bring action'!

Natuerlich koennt ihr euch auf mich verlassen, ich finds auch echt saubloed, dass es Leute gibt, die Gras rauchen, da sag ich nur G-R-U-P-P-E-N-Z-W-A-N-G! Heute geh ma dann noch amal shoppen, da schau ich, ob ich fuer euch was find, in New York werd ich mich (leider) zurueckhalten muessen, weil ich dem Flo noch 50 $ schuld. Hoffentlich bring ich seinen iPod problemlos nach Oesterreich.

Das mit Salzburg hat mir die Tony erzaehlt, ziemlich fein, schau ma amal, ob New York da mithalten kann (ich glaub, ich geh mindestens einmal verloren!).
Also a bisserl a Wamperl hab ich schon bekommen, aber ich pass noch in meine Jeans, also es geht schon noch. Schau ma amal, wie das dann in New York sein wird mitn ganzen fast food. A propos fast food: Gestern war ich mit meinen Freundinnen in so einem geilen ‚Restaurant'.
Um zu bestellen, hat ma mit einem Telefon (das bei jedem Tisch an der Wand haengt) anrufen muessen, und wie das Essen dann kommen is!! Von der Decke sind so Gleise g'hangen, an denen Zuege g'hangen sind, und an den Zuegen is dann das Tablett g'hangen, und wie's dann bei unserm Tisch war, is das so ko-

misch runtergfahren, das war echt GEIL, und das Essen war gut! Also bis jetzt ist die Reise ein voller Erfolg, ich hab's mir echt voll cool vorgstellt, aber es uebertrifft meine Erwartungen, es is echt geil. Die Familie ist ein Goldgriff, die andern Leute sind auch alle voll cool, die Geschaefte sind extrem cool. In einem hab ich amol ziemlich lang mitm Verkaeufer ueber Hip-Hop g'redet, der war echt laessig. Aber die Amerikaner sind wirklich ueberall nett.
Ich hab auch schon Sueßigkeiten fuer unsere ganze Familie gekauft und Tonys Rock und Sophies Kleid.
Was mich anzipfen wuerd is halt, dass ma da ohne Auto wirklich nicht leben kann, weil die oeffentlichen Verkehrsmittel – auf gut deutsch gsagt – zum Draufscheissen sind! Es gibt ganz wenige Busse, die einmal in der Stunde kommen, das is in Graz VIEL besser, gar kein Vergleich!
Also mein naechstes mail wird dann wahrscheinlich schon aus New York kommen. Die Sehnsucht nach euch wird von Tag zu Tag groesser, so wie mein Bauch wahrscheinlich auch. Gibt's daheim irgend etwas Neues? Bussi eure Anna"

Benedikt und der Bengale

Von Zeit zu Zeit fragen mich kopfschüttelnd LeserInnen meiner Kolumne: „Wie machen Sie das eigentlich, dass Ihnen jeden Sonntag eine Geschichte einfällt, die von Ihrer Familie erzählt?" Geschätzte LeserInnen, ich bin es nicht, es sind meine Kinder, denen immer wieder aufs Neue etwas einfällt, womit wir Eltern nicht gerechnet hätten. Ich schreibe nur auf, was im Zusammenleben mit unserem Nachwuchs passiert.

Derzeit sind lediglich sechs Kinder zu Hause – ein historischer Tiefstand –, da Benedikt und Antonia ein Erasmusstipendium in Valencia bzw. Sligo (Irland) nützen. Dank Internet sind wir freilich gut informiert, wie es ihnen geht.
Benedikt scheint sich für sein Auslandsjahr zum Ziel gesetzt zu haben, Kontakte mit möglichst allen Erasmusstudenten vor Ort zu knüpfen. Da immerhin rund 3000 derzeit in Valencia studieren oder sich aufhalten oder sich treffen … jedenfalls es miteinander sehr lustig haben, hat Benedikt viel zu tun. Vor allem in späten Abend- bzw. frühen Morgenstunden. Wie aus seinen E-Mails hervorgeht, ist er auf einem guten Weg, sein ehrgeiziges Ziel noch vor Weihnachten zu erreichen. So schrieb er uns vor wenigen Tagen: „Freitag Abend hab ich gemeinsam mit einer Mitbewohnerin die wahrscheinlich legendärste Hausparty

in Valencia in unserer 3-Zimmer-WG veranstaltet. Wir waren 100 Leute ...! Wahnsinn, aber geil! Na ja ... das Problem war, dass von uns einige auch draußen waren und ein bisschen Lärm gemacht haben. Einen Nachbarn hat das aufgeregt und er hat von seiner Terrasse einen Bengalen (!!) auf die Straße geworfen. Der ist unter einem Auto gelandet – und dann hat auf einmal das ganze Auto gebrannt. Alles direkt vor unserer Wohnung. Dann ist die Feuerwehr gekommen und 15 Polizisten, haben natürlich vermutet, dass wir etwas damit zu tun haben, und sind zu uns rauf gekommen, um Identitäten aufzunehmen. Ich hab ein bisschen mit ihnen geredet und gesagt, dass es auf keinen Fall wer von uns war.
Zu Mittag so um zwölf haben mich Polizisten aus dem Schlaf gerissen, indem sie an unsere Tür gehämmert haben. Hab wieder ein bisschen mit ihnen geredet. Sie haben noch einmal unsere Personalien aufgenommen und gesagt, ich soll eine Liste schreiben mit allen Partygästen. Ich hab gesagt, wir waren ungefähr 40 ... Und sie haben gemeint, ob wir komplett verrückt sind, 40 Leute in unsere Wohnung einzuladen ... Ha, ha, ha ... Wenn die wüssten, was da wirklich abgegangen ist. Na ja, und jetzt um sieben kommt die Polizei dann wieder ... Werd' ein bissl g'scheit reden und ihnen die Nummer von dem Typen geben, der das ganze Spektakel mit dem Bengalen gesehen hat, und hoff', dass wieder alles passt und wir keine Probleme bekommen. War jedenfalls unvergesslich gestern – haben auch ein paar Fotos und Videos gemacht."
Über den letzten Stand der polizeilichen Ermittlungen hat uns Benedikt noch nicht informiert. Ich hoffe, die wackeren Beamten haben den wahren Täter ausgeforscht und unser Sohn kann auch in Zukunft lustige Feste feiern, sein Spanisch in Diskussionen

mit Amtsorganen perfektionieren – und vielleicht auch die eine oder andere Prüfung machen.
Liebe Leserinnen und Leser, so ist das mit meinen Einfällen. Eigentlich müsste ich, wenn ich ehrlich bin, Benedikt die Hälfte meines Honorars überweisen. Finden Sie nicht auch?

Wer hat den Autoschlüssel?

Für unsere beiden Autos (einen uralten Bus und einen alten Kleinwagen) gibt es ein Kennzeichen und drei Schlüssel. Ein Reserveschlüssel ist schon vor längerer Zeit in Verlust geraten. Seit unsere großen Söhne den Führerschein besitzen, bin ich ständig auf der Suche nach einem Schlüssel. Das ist nicht immer lustig.
Im Grunde brauche ich das Auto nicht allzu oft: zum Einkaufen oder wenn eines der jüngeren Kinder ganz schnell wohin gebracht werden muss – zum Hiphop, zum Fußballtraining, zur Klavierstunde.
Letzte Woche musste Benedikt, weil er (wie immer) spät dran war, ganz schnell zum Flughafen. Ich suchte verzweifelt den Schlüssel, fand ihn aber nicht. Auch wenn ich im Vorhinein seine Antwort bereits kannte, fragte ich Benedikt, der am Vortag mit dem Auto gefahren war, ob er vielleicht den Schlüssel habe. Ein derartiger Verdacht

väterlicherseits löst in meinen Söhnen geradezu einen Reflex aus: Nein, er habe ihn selbstverständlich nicht mehr, sondern ordnungsgemäß auf das dafür vorgesehene Schlüsselbrett gehängt.

Den Reserveschlüssel hatte meine Frau versteckt, die nicht zu Hause war. Ich rief Astrid am Handy an, sie hob nicht ab.

Währenddessen stopfte Benedikt einen großen Laib steirisches Schwarzbrot in sein Handgepäck. Das Taxi, das ich gerufen hatte, kam zugleich mit Astrids Anruf: Der Reserveschlüssel sei ganz leicht zu finden, er liege in der Bettwäschelade unter den Leintüchern. Ich grub ihn aus, verabschiedete den freundlichen Taxifahrer, der großes Verständnis zeigte, und fuhr mit meinem Sohn zum Flughafen.

Die Zeit drängte, dennoch beharrte die Dame vom Bodenpersonal beim Einchecken darauf, Benedikts Handgepäck zu wiegen. Unser lebenstüchtiger Sohn hatte wie üblich den kostengünstigsten Anbieter gewählt. (Sein größter diesbezüglicher Coup war ihm zu Weihnachten gelungen, als er für seine acht Geschwister Flüge von Linz nach Barcelona und zurück inklusive aller Taxen zum Preis von jeweils 10 Cent im Internet ersteigert hatte.)

Der große Nachteil des Billigflugtarifs ist die Beschränkung des Bordgepäcks. Zehn Kilogramm sind erlaubt, bei Benedikt blieb die elektronische Anzeige bei exakt 13,93 Kilogramm stehen – für meinen Sohn kein Problem.

„Das haben wir gleich, sagte er lächelnd, öffnete sein Köfferchen, entnahm diesem zwei Pullover und drei T-Shirts, zog alles über seine beiden Hemden und die drei Sweatshirts, die er bereits am Leib trug. Die Dame schaute ihm dabei durchaus interessiert zu.

Das Gepäckstück wurde ein weiteres Mal auf die Waage gestellt: 11,54 Kilogramm! Benedikt durchwühlte von neuem seinen Koffer. Hielt schließlich in seiner Linken fünf Skripten (Wertpapierrecht, Grundzüge des Marken- und Immaterialgüterrechts, Unternehmensbezogene Geschäfte, Allgemeines Unternehmensrecht), in seiner Rechten das steirische Bauernbrot. Hob beide Lasten prüfend in die Höhe und entschied sich für das Brot und gegen die Skripten. Die Waage zeigte 9,97.
Benedikt ging zufrieden, sein Handköfferchen hinter sich herziehend, in Richtung Gates, ich mit seinem Stoß Lernunterlagen der Rechtswissenschaften zum Auto.
Als ich aus der Parklücke fuhr, sah ich, wie mein Sohn gerade freundlich grinsend wieder aus der Abflughalle kam. Er winkte lässig mit der rechten Hand, in der etwas Metallisches blitzte: Es war der vermisste Autoschlüssel.

Über grosse Kinder und grosse Krokodile

Jüngst traf ich einen ehemaligen Schüler. Er habe einen fünfjährigen Sohn und eine dreijährige Tochter, erzählte er mir stolz. Der Alltag mit den beiden Kleinen sei turbulent, zumal Gabriel unter Krupphusten leide. Auch die Rivalität zwischen den Geschwistern, die lautstark und nicht selten handgreiflich ausgetragen werde, sei nicht immer leicht auszuhalten.
Er jedenfalls tröste seine Frau immer mit dem Hinweis, dass in spätestens 15 Jahren das Schlimmste überstanden sein werde, da ja die Kinder dann so gut wie erwachsen sein und ihren Eltern keine Sorgen mehr bereiten würden.
Ich biss mir schnell auf die Lippen. Acht Jahre hatte ich Stefan,

der nun als aufstrebender Abteilungsleiter eines Consulting-Unternehmens vor mir stand, in Deutsch unterrichtet. Seine (oft haarsträubenden) Rechtschreibfehler angestrichen, seinen Referaten gelauscht, seine originellen Interpretationen gelobt. Jetzt lehrerhaft die alte Volksweisheit „Kleine Kinder, kleine Sorgen – große Kinder, große Sorgen“ zu zitieren, schien mir nicht gerade motivierend.
Ich verkniff mir also jeglichen Kommentar und gratulierte ihm von Herzen zu seiner Familie.
Als ich nach Hause kam, war meine Frau gerade unterwegs, um Jakob zur Gitarrestunde zu bringen. Auf dem Küchentisch lag das ausgedruckte Mail unserer Tochter Antonia, die im Rahmen ihres Sozialmanagementstudiums ein Praktikum in Tansania absolvierte. Neben eine Passage hatte Astrid eine impulsive Reihe roter Rufzeichen gemacht:
„Ich habe mir ein verlängertes Wochenende frei genommen, und ich werde meine Freundin Jana treffen und mit ihr eine kleine Rundreise machen. Die Busfahrten sind nicht ganz ungefährlich und von den Billighotels auf unserer Route habe ich richtige Schauergeschichten gehört, aber die Safari ist ziemlich teuer, also müssen wir für den Rest sehr sparsam sein. Am meisten freue ich mich auf das Schwimmen im Viktoriasee. Angeblich sind kleine Viecher drin und man riskiert eine Bilharziose, aber ich werde einfach ein Wurmmittel schlucken, dann wird es mich schon nicht erwischen.“
Nachdem ich im Lexikon nachgeschlagen hatte, was man sich unter einer Bilharziose vorzustellen habe, klingelte der Briefträger. Er brachte – wieder einmal – ein Paket mit exklusiven Fußballschuhen, die Benedikt sagenhaft günstig via eBay bestellt hatte, außerdem eine Ansichtskarte, die mein Sohn Dominik

seinem jüngsten Bruder und Patenkind aus den USA geschickt hatte, wo er seit einem halben Jahr arbeitet:
„Lieber Jacky! Dieser Geselle auf der Karte ist ein alter Bekannter hier auf Key Largo, wo ich Silvester verbracht habe. Die meisten Alligatoren und Krokodile (Unterschied: Kroks haben schmale Schnauzen, Alligatoren breite) habe ich im Park in den Everglades gesehen. Ein Krok allerdings – jetzt halt dich fest! – schwimmt bei uns im Kanal direkt vor unserem Haus! Gestern sitz ich am Rand und halt meine Füße hinein (es ist gerade ziemlich heiß bei uns!), und plötzlich schwimmt es vorbei – einen knappen Meter neben mir. Werd in Zukunft doch lieber die Füße heraußen lassen ..."
Wehmütig dachte ich an die vergleichsweise sorgenarme Zeit zurück, als unsere Kinder klein waren und gerade die beiden, die jetzt so weit weg von uns ihre Abenteuer erleben, einträchtig im Krankenhaus nebeneinander lagen, Dominik mit seinem Asthmaanfall und Tony nach ihrer Blinddarmoperation. Und weit und breit keine Zerkarienwürmer. Und Krokodile schon gar nicht.

Im Schutze des Schützenigels

Socken sucht Partner

Für eine einigermaßen gelingende Elternschaft, so haben es mich mehr als 27 Jahre im Dienste der Familie gelehrt, braucht es viel Liebe, Vertrauen, Optimismus, Humor, Konsequenz, Geduld und Toleranz – vor allem aber auch das Annehmen der täglich anfallenden Aufgaben. „Erst kommt das Fressen, dann kommt die Moral", hat es Bert Brecht so trefflich formuliert.
So schön es ist, mit dem halbwüchsigen Sohn über den Sinn des Lebens, über Vor- und Nachteile der Globalisierung – oder wenigstens über den misslungenen Querpass im letzten Meisterschaftsspiel – zu philosophieren, mindestens ebenso wichtig ist es ihm, dass es ein nahrhaftes (und nicht allzu gesundes) Essen gibt, wenn er müde aus der Schule kommt.
So prägend es sein mag, mit dem Nachwuchs über Sinn bzw. Unsinn von Vorglühpartys, Pokerabenden oder Discobesuchen zu diskutieren, so elementar kann es sein, mitten in der Nacht schlaftrunken auszurücken, um das müde Kind sicher heimzuholen.
Die wirklich großen Welträtsel allerdings stecken oft in den allerbanalsten Dingen – und wir sind trotz reicher Erfahrungen weit davon entfernt, sie auch nur annähernd befriedigend zu lösen.
Immer wieder werde ich z. B. gefragt, zuletzt von Herrn Bertrand F.: „Wie machen Sie das mit den Socken? Wie schaffen Sie es, dass diese jeweils wieder paarweise zueinander finden oder wenigstens entsorgt werden können?"
Oh ja, wir kennen das Thema verwitweter Socken, deren Partner sich offenbar in Luft aufgelöst haben. Die Zahl der Einzelsocken seit Beginn unseres gemeinsamen Haushalts liegt hoch

im dreistelligen Bereich. Selbst meine liebe Frau, die viel putzt, kann nicht alle weißen Sportsocken zum Silberpolieren und alle schwarzen Anzugsocken zum Applizieren von Schuhpasta umwidmen.

Melancholisch denkt sie oft an die Zeit zurück, als unser Nachwuchs noch pastellfarbene Kindersöckchen mit jeweils geschlechtsspezifischen Applikationen (Schmetterlingen, Blümchen, Herzen bzw. Fußbällen, Autos oder Fahrrädern) an den nach Babyölbad duftenden Füßchen trugen.

Ein Kauf, den meine Frau via Internet getätigt hat, da das Gewünschte im niedergelassenen Haushaltswarenhandel nicht zu bekommen war, hat sich trotz der hohen Anschaffungskosten bereits bezahlt gemacht. Es handelt sich um so genannte Sockenwächter, ergonomisch geformte Klammern aus fröhlich-buntem Hartplastik, die je ein eingeklemmtes Sockenpaar während des Waschvorgangs zusammenhalten und danach sekundenschnell auf die Wäscheleine gehängt werden können.

Astrid hat die hochpreisigen Geräte hoffnungsfroh an unsere großen Söhne ausgegeben, nicht ohne drohend anzukündigen, dass in Zukunft Einzelgänger gnadenlos von der Wäsche ausgeschlossen würden.

Seither hat sie deutlich weniger zu waschen, denn die fachgerechte Sockenklemmtechnik scheint die jungen Herren feinmotorisch zu überfordern.

Astrid bleibt gelassen. Nach der barfüßigen Flip-Flop-Saison kommt wieder ein Herbst, in dem auch coole Jünglinge ganz gerne warme Füße haben.

Wo gehobelt wird, fallen Späne

Ferienzeit ist Bastelzeit – zumindest für meine jüngste Tochter, die – woher auch immer – ein in jeder Hinsicht durchsetzungsfreudiges Kreativitätsgen mitbekommen hat.
Von mir hat sie die Freude am gestalterischen Arbeiten jedenfalls nicht. Meine großen Söhne, die seinerzeit meinen bemühten Versuch, in unserem Kirschbaum ein Baumhaus zu errichten, aus eigener Anschauung mitverfolgt haben und somit nicht auf die reichhaltige fotografische Dokumentation meines Scheiterns durch meine Frau angewiesen sind, schlagen sich heute noch in Erinnerung an das ganz und gar unbrauchbare Gebilde vor Vergnügen auf ihre durchtrainierten Schenkel.
Sophie ist anders. Sie sucht im Keller ausdauernd nach ausrangierten Kleinmöbeln, schleift sie ab, lackiert sie und beklebt sie in Serviettentechnik. Sie schneidert Sommerkleider, gestaltet Schulmappen und verfertigt Fimo-Schmuck. Sie bastelt Uhren, beklebt Schuhschachteln mit Geschenkpapier und verziert so genannte Inches aus feiner Wellpappe mit Knöpfen, Federn und Bändern. Ihre Fotocollagen gefallen sogar ihrer kritischen Schwester Anna.
Zum nicht geringen Verdruss meiner lieben Frau, deren erklärtes Ziel es ist, wenigstens in den unterrichtsfreien Sommerwochen die Kinderzimmer ohne gröbere Verletzungsgefahr für Leib und Psyche betreten zu können, gilt auch in Sophies Fall das be-

währte Motto der ehrwürdigen Tischlerzunft: Wo gehobelt wird, fallen Späne.
Und wenn es wenigstens nur Späne wären, die sich unschwer zusammenkehren bzw. wegsaugen ließen! So aber ist der Boden des Kinderzimmers regelmäßig übersät mit Stecknadeln, Wollknäueln, Papierschnitzeln, Maßbändern, Scheren und diversen Resten von Schleifpapier, Stoffen und Borten.
Wenn Sophie auf dem Gartentisch gearbeitet hat, ist sie immer gerade dann bei ihrer Freundin Gudi, im Schwimmbad oder auf ihren Rollerskates unterwegs, wenn es gilt, ihre halbfertigen Kunstwerke vor dem nächsten Gewitter in Sicherheit zu bringen. Nun weiß Sophie freilich, dass sie ihren Arbeitsplatz tunlichst so hinterlassen sollte, wie ihn ihre Mutter vorzufinden wünscht, wenn sie zum Gutenachtsagen kommt.

Aber auch in ihrem zarten Alter gelingt es ihr nicht immer, ihre diesbezüglichen guten Vorsätze durchzuhalten. (Und das hat sie, ich gestehe es freimütig, durchaus von mir geerbt.)
Immerhin weiß sie aber, wie sie Mamas drohenden Zorn besänftigt. Als Astrid kürzlich in der Früh in ihr Zimmer gehen wollte, um die gebügelte Wäsche abzuliefern, war die Tür verschlossen. Darauf hing in schöner Kinderschrift und mit vielen Herzchen verziert ein kleiner Brief:
Liebe Mama! Eigentlich solltest du mir alles verbieten, was ich nur haben will, weil das Zimmer der reinste Sauhaufen ist. Aber wie wäre es, wenn du es einfach nicht betrittst und ich es mache, sobald ich aufstehe. Du kannst mir auch eine Strafe geben, das könnte ich gut verstehen. Aber bitte denk darüber nach, sodass du vielleicht irgendwann einmal wieder denken kannst, dass ich für was zu brauchen bin. Bussi, deine Sophie

Im Schutze des Schützenigels

Vieles, was im Erwachsenenalter als gröblich ungehörig empfunden zu werden pflegt, ruft bei einem Säugling geradezu das Entzücken der Umgebung hervor. Welche Freude für die Mutter, wenn nach dem Verabreichen des Fläschchens das Bäuerchen gelingt!
Welche Erheiterung, wenn das Büblein, das auf dem Untersuchungstisch entkleidet wird, ob der plötzlichen Kälte, der seine winzige Männlichkeit unversehens ausgesetzt ist, in unvermutet zielsicherem Strahl erst die Bluse der Mutter und sodann den weißen Mantel des Kinderarztes nässt, was Letzterer als vergleichsweise harmloses Berufsrisiko abtut.

Die Verrichtung der Notdurft an dafür nicht vorgesehenen Örtlichkeiten durch Erwachsene wird in unseren Breiten mit einer Verwaltungsstrafe geahndet. (Nach meiner Erinnerung war es fixer Bestandteil der künstlerischen Selbstverwirklichung der so genannten Wiener Aktionisten, „mittels radikaler Provokation durch aggressive Tabuverletzung eine Konfrontation mit staatlicher und kirchlicher Autorität zu suchen“, die nicht zuletzt durch Urinieren vor – oft schütter versammeltem – Publikum auch gefunden wurde.)
Weitaus weniger glimpflich kommt man z. B. in Singapur davon, wo das Urinieren außerhalb gewidmeter WC-Anlagen Gefängnisstrafen nach sich zieht.

Als überaus human gegenüber elementaren menschlichen Bedürfnissen hingegen erweist sich das österreichische Bundesheer, wie mir jüngst mein Sohn Klemens erzählte, der gegenwärtig seinen Präsenzdienst ableistet. Wenn nämlich, so hat er im Rahmen der Vorlesung über die diversen Formationen gelernt, im freien Feld einen Soldaten ein unaufschiebbares menschliches Rühren überkommt, so haben die Kameraden rund um den zu dessen Bewältigung in ihrer Mitte Hockenden den so genannten Schützenigel zu bilden, um ihn gegen etwaige Feinde zu decken, die feige seine wehrlose Stellung ausnützen könnten.
Die folgende (wahre) Begebenheit liegt viele Jahre zurück; sie trug sich noch lange vor der Einführung des Euro zu. Ein Bekannter meines Vaters sah sich, nachdem er sich spätabends und stark illuminiert von einer feucht-fröhlichen Runde verabschiedet und auf den Heimweg gemacht hatte, plötzlich gezwungen, einem dringendem menschlichen Bedürfnis nachzukommen. In großer Not wählte er kurz entschlossen eine Hausmauer.
Ein Polizeibeamter, der seinen Streifendienst versah, trat an den älteren Herrn heran und forderte ihn auf, unverzüglich die Verrichtung seiner Notdurft einzustellen, andernfalls sei er gezwungen, einen Geldbetrag von 40 Schilling in Rechnung zu stellen, da der Tatbestand der „Erregung öffentlichen Ärgernisses" vorliege. Der fröhliche Zecher ließ sich auch durch den strengen Ton des Amtsorgans nicht davon abhalten, sein kleines Geschäft zu erledigen. Nachdem er schließlich damit fertig geworden war, entnahm er bereitwillig seiner Geldbörse einen 50-Schilling-Schein.
Der Polizist wollte zehn Schilling herausgeben, was sich der Abgemahnte jedoch mit den Worten verbat: „Lassen S' nur, Herr Inspektor, a paar Schaß war'n a dabei..."

Das Lumpenkasperle auf dem stillen Örtchen

Für Großeinkäufe bin in unserer Familie ich zuständig. Oft werde ich gefragt, in welchen Dimensionen ich Brot, Milch oder etwa Äpfel herbeischaffe. Meist sind die Menschen dann erstaunt über die doch recht spektakulären Mengen, die eine Familie mit zweistelliger Kopfzahl verbraucht.

Noch nie aber hat mich jemand nach unserem Toilettenpapierverbrauch gefragt. Dabei bin ich jedes Mal überrascht, in welch geringen Intervallen mir Astrid aufträgt, nur ja nicht das Klopapier zu vergessen, von dem nur mehr zwei Rollen da seien (die für vier Nasszellen reichen müssen – eine Anzahl, die den einzigen Luxus unserer kleinen Liegenschaft darstellt, das familiäre Zusammenleben jedoch Tag für Tag nachhaltig entkrampft).

Als Konsument, der Sonderangeboten, 2-für-1-Offerten und jeglicher Art von Schnäppchen geradezu willenlos erliegt, greife ich in der WC-Papier-Frage automatisch zu Gastronomiegebinden, auch wenn diese fallweise nicht den strengen Auflagen meiner Frau (keine chemischen Bleichmittel, keine Farbe, kein Duft, keine aufgedruckten Witze, Quizfragen oder Cartoons) genügen.

Freilich haben auch wir einmal klein angefangen. Mit einem einzigen WC nämlich, dessen Benützung lediglich zwischen meiner

Frau und mir auszumachen war. Unsere Kinder interessierten sich nicht recht für diese für sie öde Örtlichkeit und hatten es nicht eilig mit dem Ablegen ihrer praktischen Windeln.
Als sie auch im vierten Lebensjahr sowohl die Benützung ihrer originellen Topferln (ich erinnere mich an eine Schildkröte, ein stilisiertes Auto sowie einen mit Plastikedelsteinen verzierten Thron) als auch des speziellen Kindereinsatzes auf dem Elternklo ablehnten, sahen wir uns doch gezwungen, unsere pädagogischen Bemühungen ein wenig zu intensivieren.
Abwechselnd verbrachten wir halbe Nachmittage mit dem zur Sauberkeitserziehung anstehenden Kind auf dem gar nicht so stillen Örtchen, das mittlerweile richtiggehend wohnlich ausgestaltet war. Wir lasen unermüdlich Bilderbücher vor – das Kind auf der Schildkröte, der Dienst habende Elternteil auf einem leidlich gemütlichen Badezimmerhocker.
An diese stimmungsvollen Stunden musste ich denken, als ich jüngst zu einer Lesung in ein Kärntner Hotel eingeladen wurde. Als ich vor der Veranstaltung die Toilette aufsuchte, glaubte ich meinen Augen nicht zu trauen: In der geräumigen Zelle gab es eine leicht zu bedienende Vorrichtung, mit der Mann vor dem Sitz mühelos ein Lesepult installieren und eine der zahlreich zur Verfügung gestellten in- und ausländischen Gazetten ausbreiten konnte.
Leider kann ich mit der Fotofunktion meines Handys nicht umgehen. Zu gern hätte ich meiner Frau diese innenarchitektonische Glanzleitung gezeigt und sie gefragt, ob sie in ihr auch die gleichen Erinnerungen weckt: statt der Frankfurter Allgemeinen das kleine Lumpenkasperle, statt dezenter Jazzmusik eine Kinderliederkassette und statt entspannender Stille die periodisch gestellte Frage: „Papa, können wir es für heute nicht lassen?"

Challenge am Catwalk

Kein weibliches Mitglied meiner Familie ist/wird größer als 164 cm. Nie gibt es Probleme mit zu kurzen Hosenbeinen. Auch müssen wir uns keine Sorgen in Richtung Magersucht machen: Unsere Mädchen verfügen über den gesunden Appetit Heranwachsender und würden eher den Hosenbund weiter machen, bevor sie auf Schokobananen, Nutella und Mohren im Hemd verzichten.
Anna, die heuer 16 wird, kann von ihrer Mutter mit Mühe überredet werden, wenigstens für Maturabälle ein wenig Rouge und Wimperntusche aufzutragen. Die Welt der internationalen Modeszene ist also für sie kein Thema.
Eher zufällig ist sie auf ein TV- Format gestoßen, in dem Woche für Woche Österreichs nächstes Top-Model gesucht wird. Präsentiert wird die hippe Casting-Show von einem langbeinigen, blauäugigen germanischen Prachtmädel mit kess blondiertem Kurzhaarschnitt, als Jury steht ihr Allemande, ein dunkelhäutiger Betreiber eines Tanzstudios zur Seite, der des Deutschen nur rudimentär mächtig ist: „Heute muss ich ssein ganz viel strikter mitdi Mädls." Weiters eine mittelalterliche Agenturchefin, die vor allem in der Eingangsphase dafür verantwortlich ist, dass sich keine Kandidatin unter dem Gardemaß von 175 cm in den Bewerb schummelt. In Zweifelsfällen legt Allemande eine Messlatte an: „Denise, du bis ja wirk-

lig ssupa-ssupa-ssüß, abe du bist leida zu klein und kannst der Pose nickt halten."

Als meine Söhne, von den Schwestern heftig gebeten („Wir bringen euch Keks und schälen euch Orangen und massieren euch die ganze Sendung lang den Rücken"), zum ersten Mal die Model-Show verfolgten, saß der Rapid-Kicker Stefan Maierhofer als Promijuror neben dem deutschen Prachtmädl. Wiewohl er keine nennenswerten Bonmots absonderte, war er doch ein Fels der Normalität in einem Meer von oberflächlichen Banalitäten. So beobachten wir also die hochgewachsenen, gertenschlanken und von einem Top-Visagisten von europäischem Rang gestylten jungen Mädchen, wie sie sich einer Challenge (Bewährungsprobe) nach der anderen stellen: Sie müssen in einem Auslagenfenster einer Nobelboutique als Schaufensterpuppen posieren; in die Kanalisation Wiens hinuntersteigen, um auf den Spuren des Dritten Mannes frierend an der schmutzigbraunen Mauer zu posen; mit möglichst unphysiologischen Bewegungen den Catwalk („Katzenspaziergang") entlangstaksen. Am Ende der Sendung scheidet jeweils eine Kandidatin aus: „Deine Performance ist eine einzige Katastrophe, wir erkennen keine Entwicklung bei dir!"

Ganz besonderes Augenmerk liegt auf dem richtigen „Laufen" (österreichisch: Gehen). Wer natürlich und ungezwungen über den Laufsteg geht, hat schon verloren. Wer die höchsten Weihen der Modebranche erlangen will, muss sich einen geradezu idiotischen, von Paris, Mailand und New York diktierten Gang antrainieren.

Es ist schon paradox: In einer Zeit, in der peinlich darauf Bedacht genommen werden muss, gender mainstreaming-mäßig korrekt zu formulieren (Stichwort „Nationalratsabgeordnetinnen"),

lassen sich emanzipierte junge Mädchen vor laufender Kamera zu willenlosen Marionetten erniedrigen.
Bin ich froh, dass Anna anders ist. In den Werbepausen der Sendung trampelt sie herzhaft in die Küche, um sich einen dritten Kornspitz mit Schinken und Gurkerl zu holen – und für die Geschwister eine Schüssel Popcorn.

Tannhäuser: Erste und zweite Halbzeit

Meine Tochter Antonia und ich haben ein Opernabonnement. Während ihres laufenden Erasmus-Semesters in Irland wird ihr Billet abwechselnd von ihren (mehr oder weniger) begeisterten Geschwistern genützt.
So war der Ansturm auf die vakante Karte für Wagners „Tannhäuser" enden wollend. Dominik musste für seine bevorstehende Sportanatomieprüfung lernen, Benedikt organisierte (in Valencia, Spanien) eine seiner mittlerweile legendären Wochenendfeten. Donatien schätzt die kulinarischen Seiten seiner neuen Heimat deutlich mehr als ihre Musikgeschichte, außerdem hatte er Kopfweh. Nikolaus feierte mit seiner Freundin den zweiten Monatstag ihrer Beziehung. Anna bestritt ihr erstes Damenhallenfußballturnier. Jakob war bei einem Klassenkollegen eingeladen, den er sonst erst 36 Stunden später in der Schule wieder gesehen hätte.
Der Idee, mit meiner jüngsten Tochter auszurücken, widersetzte sich meine Frau resolut: „Wagner ist nichts für Zehnjährige. Die Vorstellung dauert vier Stunden."
Blieb mein Sohn Klemens. Vom freitäglichen Ballbesuch dank des in die frühen Nachmittagsstunden verlegten Mittagessens

bestens erholt, bemerkte er lapidar, er habe zwar keinerlei „Scherer“ für einen Opernabend, sehe aber ein, dass er diesmal wohl „die Arschkarte gezogen“ habe und werde sich also „an Anzug umhängen“.

Die Frage nach dem Komponisten, der Entstehungszeit oder gar dem Inhalt der Oper beschäftigte ihn weniger als das Problem, ob nach dem Schlussapplaus wohl noch irgendeine Restauration geöffnet habe. Klassische Musik mache ihn nämlich ganz besonders hungrig.

Dass Klemens schon lange nicht mehr im Opernhaus war, wurde mir nach wenigen Minuten klar. (Vielleicht aber nahm er mich auch einen Abend lang auf die Schaufel, gleichsam um der würdigen Umgebung Paroli zu bieten.)

„Wann ist denn endlich der Ankick?“, fragte er ungeduldig. „Ah ja, da kommt schon der Kapitän. (Er meinte den Dirigenten.) Feines G'wand, das muss man ihm lassen.“
Während der zugegeben langen Ouvertüre erkundigte er sich besorgt, ob denn heute gar keine Sänger mehr zu erwarten seien.
Im ersten Aufzug ist das Innere des Venusberges als knöcheltiefer See dargestellt. Die rassige Liebesgöttin räkelt sich auf einem schwarzen Ledersofa, das meterhoch mit Papierbogen (Briefe an die Liebesgöttin? Entwürfe des Minnesängers?) bedeckt ist, mit denen sie im Verlauf ihrer ersten Arie spielerisch um sich wirft, bis sie nahezu die halbe Bühne bedecken. „Wie in deinem Arbeitszimmer“, raunt mir Klemens zu.
Am Ende des ersten Aktes kehrt Tannhäuser mit einer Gruppe von ritterlichen Golfspielern zur Wartburg zurück, Klemens und ich ziehen Richtung Büffet. Dort lerne ich die kaufmännischen Qualitäten meines Fünftgeborenen kennen. „Papa, da nehmen wir nix, um den Preis von einem Pfiff Bier krieg ich im Geschäft ein Sechsertragerl.“
Wir sehen uns nach Bekannten um, treffen meinen Bruder, der Klemens' Taufpate ist. „Ich hab ja gar nicht gewusst, dass der Bursche so opernbegeistert ist. Da wird dir das Christkind vielleicht eine schöne Staatsopernkarte bringen. Schau dir schon einmal den Wiener Spielplan an ...“
Klemens steht der Sinn nicht nach derlei Scherzen, und die zweite Halbzeit liegt noch vor uns.
Wir sind am Beginn des zweiten Drittels. Elisabeth sucht „in freudiger Erwartung die Halle auf, die sie seit Tannhäusers Verschwinden gemieden hat.“ (Zitat aus dem Programmheft.)
„Das ist ja wohl der zweitgrößte Rotz: Mutterseelenallein dastehen und eine leere Halle besingen.“ – „Und der größte Rotz?“,

raune ich interessiert zurück. „Jemandem zuzuschauen, der mutterseelenallein eine leere Halle besingt."
Das postmoderne Bühnenbild zeigt ein riesiges, mit grünem Samt bespanntes, quadratisches Postament, das auf drei Seiten von Plastikgestühl begrenzt wird, wie man dieses in Sporthallen antrifft. In wenigen Minuten wird hier der große Sängerwettstreit stattfinden. Noch aber ist Elisabeth nicht damit fertig, die leere Halle zu besingen.
„Weißt, was jetzt das Größte überhaupt wäre?"
(Ein kühles Getränk? Ein Logenplatz mit Beinfreiheit? Der Nachtkrimi im ORF?)
„Das Geilste wär', auf dieser Bühne zu stehen mit einem Ball am Fuß und gegen jeden Sessel zu passen."
Als im dritten Akt Elisabeth der Statue der Heiligen Jungfrau Maria den weißen Schleier abnimmt, um ihn sich selbst auf den Kopf zu setzen, berichtet mir Klemens flüsternd, dass seine Klasse im Erste-Hilfe-Kurs in allen Details das Anlegen eines Kopfverbandes gelernt habe.
Das aufwühlende Schlussbild sehen Klemens und ich nur aus dem Augenwinkel. Schräg vor uns nämlich hat ein soignierter älterer Herr, der seit der Ouvertüre jeden einzelnen Takt mitdirigiert, entscheidende Passagen auch mit weit geöffnetem Mund scheinbar mitgesungen hat, vollends die Fassung verloren. Soeben ist Tannhäuser tot vor Elisabeths aufrecht stehendem Leichnam zusammengebrochen, eine Schar von Pilgern zieht ein, dahinter das Ballett zahlreicher weißer Nonnen, die den Papst umtanzen, dessen Bischofsstab sich als Zeichen der himmlischen Vergebung für den sündigen Tannhäuser mit grünem Laub geschmückt hat.
„Weißt du eigentlich, dass bei Gottschalk eine Wette eingereicht

wurde, dass der Papst 120 Flughäfen der Welt am Geschmack erkennt?"

Der Kenner vor uns schüttelt den Kopf so heftig, dass er seine dicke Hornbrille zu verlieren droht. Als das Nonnenballett die „Welle" macht, sieht Klemens seine Chance gekommen, seine Erste-Hilfe-Kenntnisse anzuwenden: Der Opernfreak ringt die Hände, klammert sich Hilfe suchend an seine stumm neben ihm leidende Frau.

Doch alles geht gut. Tannhäuser ist tot und der Hobbydirigent, der der Liebesgöttin so begeistert applaudiert, dass er über die Brüstung zu kippen droht, beruhigt sich nach dem Schlussbeifall, in den Klemens und ich kräftig eingestimmt haben.

Auf meine Frage, wie es ihm denn gefallen habe, meint Klemens: „Eh gut, am geilsten war die Ouvertüre, die lad' ich mir zu Hause gleich auf den iPod."

URGROSSVATER ERZÄHLT VON FRÜHER

Obwohl wir keine besonders jungen Eltern waren, hatten wenigstens sechs unserer Kinder das Glück, ihre Urgroßeltern persönlich zu erleben.

Ich denke gerne an die Kindergeburtstage, die Nikolofeiern und Adventabende zurück, an denen vier Generationen unter unserem Dach versammelt waren. Uromama brachte ihr legendäres Topfensalzgebäck mit. Urgroßpapa genoss mit unverhohlenem Vergnügen Wiener Suppentopf in Portionen, die ihm der Arzt strengstens verboten hatte. Einmal gab er seinem Lieblingsurenkel in einem unbeobachteten Moment einen Schluck Sekt – was nur deshalb herauskam, weil mein damals dreijähriger

Sohn Benedikt plötzlich Urlis Stock an sich nahm und wie Fred Astaire durchs Zimmer tanzte.

Als Urlo drei Jahre nach der Steinernen Hochzeit allein zurückblieb, kam er am Sonntag oft zu uns zum Essen. Wenn er pünktlich zur vereinbarten Zeit an der Haustür klingelte, machte ihm Benedikt auf, der seit jeher ganz besonders an seinem Urgroßvater hing. Der Kleine, auf der Treppe selbst noch nicht ganz sicher auf den Beinen, ließ es sich nicht nehmen, den alten Herrn ins Speiszimmer hinaufzugeleiten – eine rührende, wenn auch nicht ganz ungefährliche Angewohnheit.

Die Mahlzeiten mit dem Urgroßvater waren von einer besonderen Stimmung geprägt. Zwischen den einzelnen Gängen erzählte er leise und in k. & k.-Diktion von seiner Studienzeit, in der er, vorschriftsmäßig mit Frack und Zylinder bekleidet, mit dem Fiaker zur Universität gefahren war, um seine Prüfungen abzulegen. Gebannt hingen meine Söhne an seinen Lippen, wenn er von seinen Kriegserlebnissen sprach: Wie seine Kameraden und er im Ersten Weltkrieg an den offensichtlich unterlegenen italienischen Gegnern vorbeizielten; wie er nach einem so genannten 1000-Gulden-Schuss in den Oberarm froh war, die letzten Kriegstage in der Sicherheit des Lazaretts verbringen zu können; wie seine Frau in der Nachkriegszeit das Familiensilber bei befreundeten Bauern in Lebensmittel eintauschte, um ihre kleinen Söhne am Heiligen Abend mit Eiern, Butter und Speck zu überraschen, für die es keine Lebensmittelkarten gab.

Im heurigen Sommer fuhren unsere großen Söhne zusammen mit meinem Schwiegervater im Geländewagen auf den Spuren ihres Urgroßvaters nach Italien. Sie waren von der militärhistorischen Expedition zum Monte Grappa, wo ihr Urlo als junger Leutnant gekämpft hatte, sehr beeindruckt.

Der Urgroßvater meiner Kinder war nicht nur als Repräsentant einer längst versunkenen Welt in unserer Familie höchst willkommen, sondern auch wegen seines feinen Humors. Geburtstagsfeiern erreichten immer dann ihren Höhepunkt, wenn er aus der Innentasche seines Sakkos bedächtig einen Bogen Papier herausholte und feierlich die Verse vorlas, die er zu Ehren des Geburtstagskindes gedichtet hatte. (Dass das Geburtstagskind zu klein war, um den Wortwitz zu verstehen, tat der guten Stimmung keinen Abbruch.)
In den Tagen um Allerheiligen muss ich immer an folgende kleine Begebenheit denken: Als Urlo sich, hundertjährig, früh am Morgen zu einem Spazierganz zum Grab seiner Frau aufmachte, hinterließ er für die Haushälterin auf dem Küchentisch einen kleinen Zettel, auf dem er in säuberlicher Kurrentschrift vermerkt hatte: „Bin auf dem Friedhof. (Komme aber wieder.)“

Piperln, Pinzen und Palmkatzerln

Wenn man derzeit in unser Haus kommt, sieht man als Erstes einen Blumentopf mit Primeln, zwischen denen prächtig bemalte Keramikeier liegen – und weiß sofort: Aha, jetzt ist bald Ostern. (Das ist praktisch, falls man es vergessen hat.) Die Primeln sind

nicht echt, sondern aus Seide. Seit wir nämlich mit einem mächtigen schwarzen Kater und einem munteren kleinen Hund zusammenleben, sind echte Blumen vor ihren Tatzen nicht sicher.

Vor allem Happy zeigt wenig Verständnis für kreative Veränderungen in Haus und Garten. Setzt Astrid Stiefmütterchen ein, gräbt die Hündin sie umgehend aus. Blumen sind nur auf hohen Kästen einigermaßen sicher.

Von der Lampe im Speiszimmer baumeln seit einer Woche Eier und Piperln, ein in etlichen Werkstunden liebevoll gebastelter Osterhase klebt an der Kühlschranktür. Die große Kredenz ist ein beliebter Abstellplatz für Lämmer sowie Hasen, die kleine Wägelchen hinter sich herziehen.

Die Dekoration unseres Wohnbereichs ist vielleicht nicht jedermanns Sache, der Einwand, sie wirke ein wenig überladen, schwer zu entkräften. Aber den Kindern gefällt es – und mir auch. Beim Schmücken helfen meiner Frau immer die älteste und die jüngste Tochter. Nie noch hat ein Sohn ein Porzellanei aus der mit Holzwolle sorgsam ausgelegten Schachtel genommen, um damit liebevoll die Fensterbank zu dekorieren.

Nun könnte schnell eine geschlechterstereotype Erziehung als Erklärung angeführt werden. Aber im gegenständlichen Fall greift das Argument zu kurz. Astrid hat nämlich immer wieder

versucht, das rollenspezifische Verhalten aufzubrechen, indem sie die Knaben zur Mitarbeit animierte und sogar eine kleine Belohnung in Aussicht stellte, würden sie einmal den Osterhasen mit dem Wägelchen auf dem Fensterbrett positionieren. Allein alles vergeblich. Anna, unsere mittlere Tochter, hält es wie ihre Brüder: „Ich find, der ganze Schmuck schaut schon cool aus, aber irgendwie schert's mich nicht, das filigrane Zeug aufzuhängen und wenige Tage später wieder wegzupacken."
Nach meinen Beobachtungen sind es die Frauen, die das Zuhause gestalten. Viele kleine Details erzeugen eine eigene familiäre Harmonie: Zimmerpflanzen, Bilder, Zierpölster, Vorhänge. (Apropos: Niemals fällt mir auf, wann sie schmutzig oder frisch gewaschen sind.)
Die Harmonie zu Hause ist eine innere Tür ins Leben. Ostern, das Fest der sanften Palmkatzerln, ist in unserer Familie ein unumstößliches Ritual. Zum Beispiel die Osterjause: Um den festlich gedeckten Tisch sitzen alle Familienmitglieder, es gibt immer dieselben Speisen – Pinzen, harte Eier, Osterkrainer, Schinken, Senf und Kren, der so scharf ist, dass er das Wasser in kleinen Tränen aus den Augen tropfen lässt.
Augenblicke eines Festes bleiben im Gedächtnis. Sie sind Leuchttürme, die die Erinnerung an die eigene Kindheit erhellen. Der abendliche Spaziergang am Karsamstag ist immer noch präsent – wie meine Geschwister und ich mit den Eltern die Osterfeuer zählten, die von Hang und Hügel herübergrüßten, von Wiesen und Gärten. So hell schienen die Feuer, dass rundum alles verblasste und versank.
Ostern ist – wie Weihnachten – ein Fest der Familie. Die Kette froher Momente schafft eine Tradition, die Orientierung vermittelt und Sicherheit gibt, dass das Leben gelingen kann.

Wenn Besuch da ist, zeigt die Ampel rot

Die Vorstellungen „normaler" MitbürgerInnen von der Lebensweise einer Großfamilie sind vielfältig. Sie reichen von der Vermutung, Eltern mit mehreren Kindern hätten eine Riesenvilla mit mindestens einem Dutzend Zimmern zu Verfügung, bis zu der Mutmaßung, dass ein Rudel Geschwister wohl in einem kasernenartigen Schlafsaal am besten untergebracht wäre.
Und tatsächlich kenne ich eine Familie, die beim Bau ihres neuen Hauses Bedacht genommen hat auf die Bedürfnisse ihrer zwölf Kinder. Das Obergeschoss ähnelt einer funktional konzipierten Hotelanlage, wie man sie aus Schikursquartieren kennt. Jedes Kind hat sein eigenes (kleines) Zimmer, gleich groß, mit Balkonanteil, Tür zum langen Gang und Haustelefonanschluss.
Ein anderes Ehepaar nahm sich die Erfahrungen mit ihrer langjährigen Hundezucht zum Vorbild und schuf durch Herausreißen mehrerer (nicht tragender) Zwischenwände ihres alten Bauernhauses ein Riesenzimmer, in dem das Rudel der munteren Kleinen so lange gemeinsam umhertollte, bis es dem Ältesten zu bunt wurde und er sich zum 14. Geburtstag den Schlüssel für die ehemalige Kammer des Hausknechts wünschte. Darin verbrachte er ungestört seine Jugendjahre, nicht ohne seinen kleinen Geschwistern regelmäßige Besuche im Kindersaal abzustatten.
Unsere kleine Liegenschaft ist ein Beispiel für das heute so moderne „Work in progress". Als wir mit unserem damals fünf Monate alten Erstgeborenen aus meiner alten Studentenbude in das kleine Haus am Stadtrand übersiedelten, konnten wir noch nicht wissen, dass sich unser Wunsch nach einer großen Familie tatsächlich erfüllen wurde. Den Kaufpreis konnten wir nicht zu-

letzt deshalb aufbringen, weil drei Zimmer im Parterre von einer liebenswürdigen älteren Dame okkupiert waren, die dort bis zu ihrem Tod das Wohnrecht besaß – ein Umstand, der die meisten Interessenten schon vor der Besichtigung zurückschrecken ließ.

Im Lauf der Jahre bauten wir zuerst den Dachboden und den Keller aus und dann die Garage um, auch errichteten wir im Garten ein bewohnbares kleines Holzhaus. Unsere Kinder haben also zum Teil eigene Zimmer, verbringen aber große Teile ihrer Tage und Nächte bei ihren Geschwistern. (Der Ankauf mehrerer Doppel- und Stockbetten hat sich auch im Hinblick auf die Übernachtung spontaner Gäste sehr bewährt.)

Trotzdem konnte Anna jüngst in ihrer Klasse eine Mitschülerin durchaus verblüffen, als sie ihr auf die Frage, ob sie denn ein eigenes Zimmer habe, erklärte: „Die Großen haben alle ein eigenes, aber wir drei Jüngsten sind im Keller untergebracht. Und weil sich unsere Eltern ein bisschen für uns genieren, hat der Papa ein Ampelsystem installiert. Wenn Besuch da ist, ist die Ampel auf Rot gestellt und wir dürfen nicht hinaufkommen. Wenn die Gäste weg sind, schaltet der Papa wieder auf Grün. Aber es ist nicht so schlimm, wir haben immer genug Naschsachen gebunkert und ein eigenes Klo."

Dass Irmi Anna geglaubt hat, zeigt wieder, dass Normalbürger Großfamilieneltern vieles zutrauen …

An Stelle eines Nachworts – Notizen einer Mutter

VERGISS NICHT, ICH HABE DICH LIEB

Kürzlich saß ich auf einer Bank neben dem Friedhof einer Grazer Pfarre. Meine Schülergruppe war, mit Fotoapparaten und Schreibmappen bewaffnet, zwischen den in frühlingshaftem Grün erblühenden Gräbern verschwunden, um ihre Arbeitsaufträge zu erledigen.

Ich war mutterseelenallein. Gerade als ich versonnen darüber nachdachte, dass ich eigentlich noch nie in meinem Leben allein auf einer Parkbank gesessen war, stand plötzlich ein vielleicht vierjähriger Bub neben mir. Ohne die geringste Scheu raunte er mir geheimnisvoll zu: „Ich hab ein Vogelnest entdeckt und es waren zwei Babys drin, aber jetzt sind sie weg."

Flugs führte er mich zu einem sorgfältig beschnittenen Buchsbaum, in dessen dichten Zweigen genau auf Augenhöhe des Kleinen tatsächlich ein wunderschönes leeres Nest hing.

Mit Wehmut musste ich daran denken, wie bald vielleicht schon aus unserem kleinen Haus alle Kinder ausgeflogen sein und Bücherregale in den Kinderzimmern, ein kleines Seniorenauto in der Fahrradgarage und Blumentöpfe in der alten Bauernwiege stehen würden.

Alexander schlug vor, ich solle doch zur Schaukel mitkommen, um seine Mutter und seine kleine Schwester kennenzulernen. Zehn Jahre nur, dachte ich traurig, und doch schon zehn Jahre ist es her, dass ich mit meinen beiden Jüngsten auf einem Spielplatz war.

Die junge Frau beneidete mich wortreich, dass meine „G'schrappen aus dem Gröbsten heraus" seien. Sollte ich ihr

sagen, was ich dafür gäbe, wenn ich – wenigstens für 24 Stunden – das Rad der Zeit zurückdrehen könnte, noch einmal mit Jakob und Sophie im Elternbett mit einem Bilderbuch kuscheln, am Vormittag eine Runde auf dem Bauernmarkt drehen, auf dem Heimweg die Männer auf der großen Baustelle bewundern, ja sogar am Abend die zahllosen Legosteine einräumen könnte?
Als ich mich bei einem sehr einfühlsamen pensionierten Kollegen ausweinte, der selbst ein zärtlicher Vater war und jetzt bereits dreifacher Opa ist, schickte er mir postwendend ein Gedicht der 1974 in Rom verstorbenen deutschen Dichterin Marie Luise Kaschnitz:

Komm, sagt die Mutter, zur Welt, Kind.
Ich will dich nähren.
Wozu wir auf dieser Welt sind,
kann ich dir nicht erklären.
Das sagt dir dein Vater morgen
oder irgendwann.
Ich hab' zu tun und zu sorgen,
mich geht's nichts an.

Ich will, dass du immer satt hast
und kein Regen auf dich fällt
und du eine bleibende Statt hast
hier in der Welt.
Und dass du das Schmutzige meidest
und den Rechten zum Freund dir erwählst
und dass du nicht krank wirst und leidest
und mir immer alles erzählst.
Ich will dich gar nicht gar so mutig
und auch nicht besonders schön,
weil die allzu Kühnen und Schönen
so oft zugrunde gehen.
Ja, am liebsten behielt ich dich immer
klein und bei mir.
Ich heizte dir das Zimmer
und ließe dich nicht vor die Tür.

Denn draußen ist sehr viel Böses,
weiß nicht, wo das Gute blieb.
Komm auf die Welt, Kind,
sieh selbst, Kind! Vergiss nicht, ich habe dich lieb.

Familienplanung im wahrsten Sinne des Wortes prägnant. Denn Schwangerschaft ist auch Männersache. Der Leser erfährt auf humorvolle Weise, wie Mann ein Kind erwartet.

Matthias Euler-Rolle · Alexander Rinnerhofer
WENN MÄNNER SCHWANGER SIND
und Frauen Kinder kriegen

176 Seiten, 12,2 x 18,5 cm
Hardcover mit SU
€ 16,95 · ISBN: 978-3-85485-236-0

molden verlag

Sie sind für Babysprache, gegen die feindliche Übernahme des Kraftfahrzeugs als letztes rein männliches, bröselfreies Refugium und haben ein neues Lebensziel: ihr Baby zum Lachen zu bringen! Trotz mancher Rückschläge geben die Autoren Vätern aus vollster Überzeugung die Devise mit auf den Weg: „Yes, you can!"

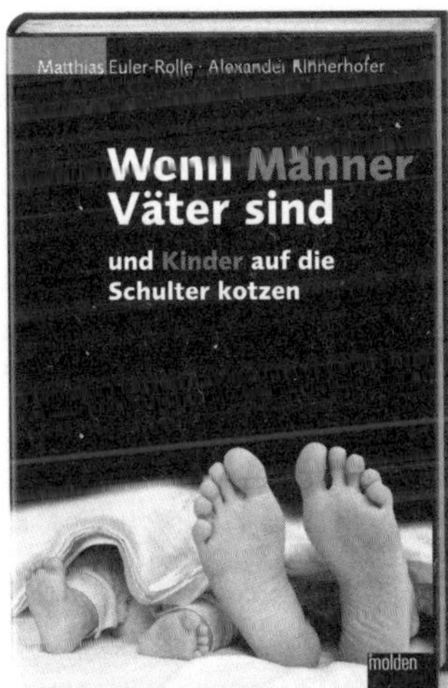

Matthias Euler-Rolle · Alexander Rinnerhofer
WENN MÄNNER VÄTER SIND
und Kinder auf die Schulter kotzen

176 Seiten, 12,2 x 18,5 cm
Hardcover mit SU
€ 16,95 · ISBN: 978-3-85485-253-7

molden verlag

„Sind meine T-Shirts schon gebügelt und habt Ihr euch noch lieb?" Das sind Kinderfragen, die mit viel Humor und Kinderliebe von Gabriele Kuhn und Michael Hufnagel von beantwortet werden.

Michael Hufnagl · Gabriele Kuhn
BIST DU JETZT MEIN NEUER PAPA?
Wenn Kinderfragen Eltern ins Schleudern bringen

204 Seiten, 12,2 x 18,5 cm
Hardcover mit SU
€ 16,95 · ISBN: 978-3-85485-264-3

molden verlag

Sie hat ihren Herzbuben gefunden. Er ist mit der besten aller Ehefrauen glücklich. Doch auch gemeinsam sind sie ein unschlagbares Team. Ute Baumhackl und Bernd Melichar haben zu unserem Vergnügen einige Themenbereiche ihrer Sie & Er-Kolumnen aus der Kleinen Zeitung in diesem Buch versammelt.

Bernd Melichar · Ute Baumhackl
SIE & ER
oder: Herzbube und die beste aller Eherfrauen

200 Seiten, 13 x 20,5 cm
Hardcover mit SU
€ 19,95 · ISBN: 978-3-222-13272-8

styria premium